発達が気になる子どもの

運筆力・認知力が身につくワークブック

神奈川県立保健福祉大学
リハビリテーション学科 教授
作業療法士
笹田 哲

中央法規

本書の利用にあたって

はじめに

私は、作業療法士として教育現場で子どもたちの問題について教員の方々にアドバイスしておりますが、とても多い相談の一つに「書字に問題のある子」に関するものがあります。小学校では入学後まもなくひらがな・カタカナを学習しますが、授業の中で一文字ずつ学習をする時間は意外と少なく、書けないままではその後の教科学習にも影響してしまいます。

この問題への対応を考えるために、30年以上前から実際に学校を訪問し、そうした子どもたちのどこに苦手があるのかを観察・分析してきました。すると、字を書く前に養っておきたい、見る力や認知力が十分でない子どもたちがたくさんいることに気づきました。見本を見て、正方形、三角形、楕円などの図形、斜めの線、線の長さなどを認識して、見たものを再現できるようになってもらうこと、また、イメージしたように手指を動かして運筆がスムーズにいくようにする指導が必要であると感じました。

これらの気づきから、様々なプリント教材を作り、実際に子どもたちに使用してもらって試行錯誤を重ね、2014年に、それらの教材をまとめて『気になる子どものできた！が増える　書字指導アラカルト』と『気になる子どものできた！が増える書字指導ワーク①～③』を発行しました。いずれの巻も大変好評でしたが、発行から10年以上経ちましたので、今回、基本方針をさらにパワーアップして、よりわかりやすく、楽しく取り組めるワークブックにリニューアルしました。

子どもたちには本書を活用してもらい、楽しみながら書くことを学んでほしいと思っています。

本書の特徴

- 「字を書くため」に必要となる「運筆力・認知力」を養うワークブックです。
- 63の問題があり、見本をなぞるもの、いろいろな線や図形を学ぶもの、見てまねて書くもの、先の見通しをもちながら運筆するもの、左利きの子どものための問題、字の大きさやバランス、字やスペースの中心を学ぶもの、筆圧コントロールを学ぶもの、スペースの配分を把握するもの、地と図を見分けるもの、消しゴムや定規を使うときの力加減を学ぶものなど、多岐にわたる課題が含まれています。
- 迷路や線結びなど、ゲーム感覚で楽しく取り組める問題を取り入れました。
- 似たような問題では、易しいレベルから、少しずつレベルアップしたものを掲載しています。

このような子どもたちにおすすめ

字の練習をしていても、なかなかうまく書けない子どもたち、特に、次のような特徴がある子どもたちにおすすめです。

1 字だけでなく、四角形、三角形、丸などの図形や、斜めの線などがうまく書けない

2 字がマスからはみ出す、文字の部分ごとのバランスが極端に悪い

3 図形などの一連の運筆や、筆圧のコントロールがうまくできない

4 左利きで、うまく字を書けない

ワークの使い方

問題に取り組む前には、椅子と机の高さが子どもに合っているか、姿勢、鉛筆の持ち方を確認しましょう（次ページからの「問題に取り組む前の基本姿勢」をご覧ください）。

問題15までは、そのページの線などをなぞる課題となっています。

問題16以降は、問題ページの裏に答えのページがあります。問題が終わったら、答えを子どもと一緒に確認して、よく取り組めた点を認め、改善できる点を一緒に確認し、もう一度やってみましょう。

問題ページ

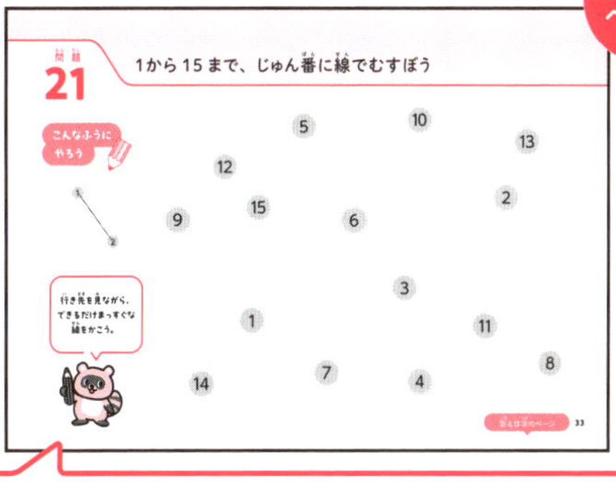

問題のやり方について「こんなふうにやろう」と見本が書いてあります。タヌキくんは、取り組むときの注意点を教えています。読んでから問題に取り組んでみましょう。

答えページ

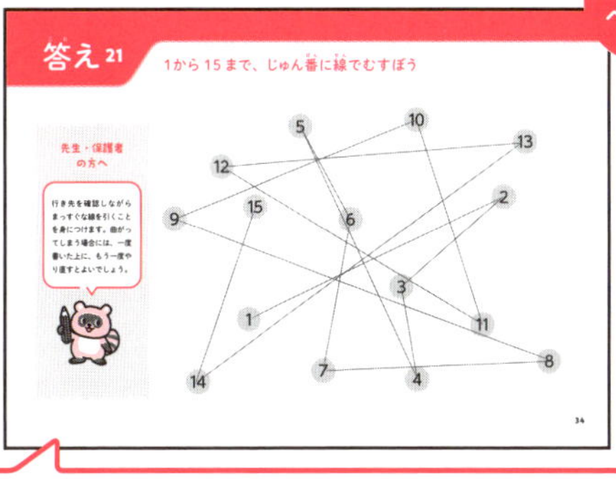

答えのページに「先生・保護者の方へ」として、この課題の意図やポイント、できない場合の工夫などを解説しています。子どものつまづきに合わせてサポートをしましょう。

「書く」ための動きのピラミッド

字の練習をするときや、その子どもを指導するときには、その「字」にばかり注目しがちです。しかし、字を書く子どもの「体」にも目を向ける必要があります。なぜなら、「座る姿勢」や「鉛筆の持ち方」などの「土台」があってこそ、字がうまく書けるようになるからです。さらに、字や図形を書くときには目を上手に動かして「見る力」、形の認識や細かいことへの注意力など、脳で行われる「認知」の機能も重要です。書字は、それらが統合されたとても高度な作業なのです。

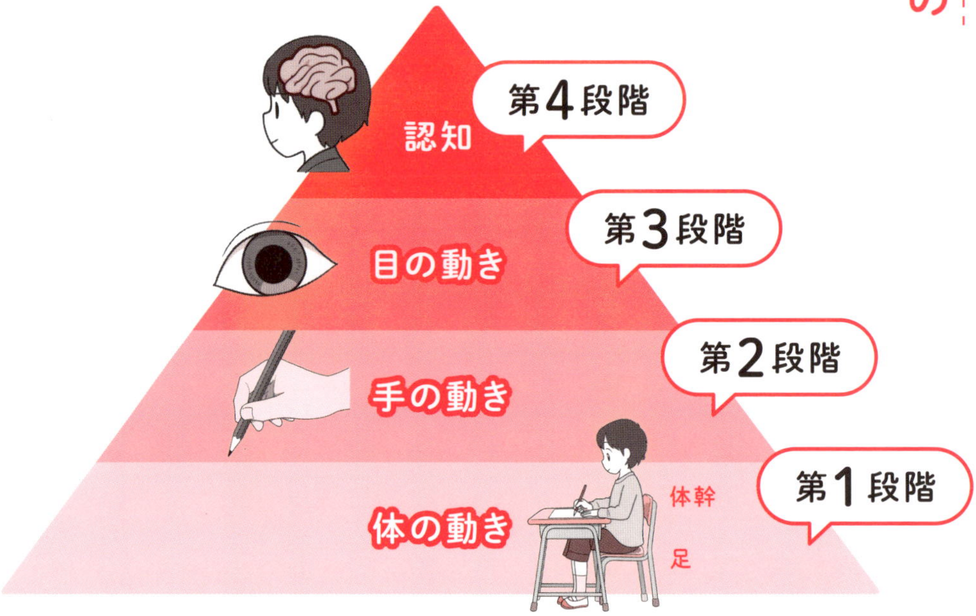

子どもの体の動きを見るときの視点として、私は「ピラミッド構造」でとらえることをすすめています。ピラミッド構造は4つの段階から構成されています。

- **第1段階** 座位姿勢を保つ
- **第2段階** 鉛筆や消しゴムを持つ、操作する
- **第3段階** 先生や教科書、自分の動きなどを見る
- **第4段階** やる気、意欲、注意力、思考、理解、認知機能

「書く動作」の2段階や、「やる気」の4段階の力を十分発揮するためには、第1段階の「姿勢」や、第3段階の「見る力」が十分に備わっていなければなりません。先生や保護者の方は、このようなピラミッド状の段階的な力を意識して、子どもにかかわっていきましょう。

環境と姿勢をチェック

環境

- ✓ 机の高さは肘を曲げたところ
- ✓ 腰を起こす
- ✓ 足は床につける
  （つかない場合は、足の下に台を置く）

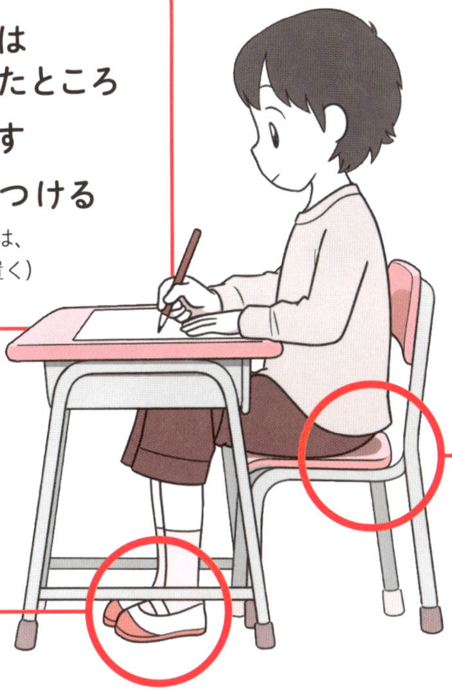

姿勢

- ✓ 椅子に深く座る
- ✓ 腰、膝の角度は90度に

姿勢

- ✓ 足の裏を床につける

✕ よくない姿勢　猫背、机に伏せる、浅く腰かけて背もたれに寄りかかる、体や頭を傾ける、足を組む　など

鉛筆の持ち方をチェック

- ✓ 中指の第1関節の横に鉛筆を乗せ、親指、人差し指で軽く押さえる
- ✓ 鉛筆の下から2㎝ぐらいのところを持つ
  （指が滑って下へ行く場合は、輪ゴムを巻きつけてストッパーにしてもよい）

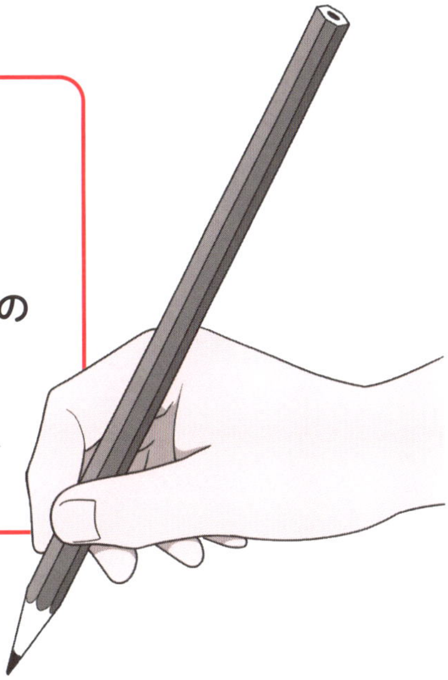

✕ よくない持ち方　鉛筆の先を持つ、親指が出っぱる、手首を折り曲げる、力が入りすぎている　など

もくじ

本書の利用にあたって……2
問題に取り組む前の基本姿勢……4
問題1　1から4の線とこさが同じになるように、となりに線をかこう……8
問題2　手を紙につけたまま、線をきれいになぞろう……9
問題3　線からはみでないように、きれいになぞろう①……10
問題4　線からはみでないように、きれいになぞろう②……11
問題5　いろいろな線を、きれいになぞろう①……12
問題6　いろいろな線を、きれいになぞろう②……13
問題7　大きなだ円を、きれいになぞろう……14
問題8　大きな8の字を、きれいになぞろう……15
問題9　いろいろな線を、きれいになぞろう③……16
問題10　いろいろな線を、きれいになぞろう④……17
問題11　いろいろな線を、きれいになぞろう⑤……18
問題12　いろいろな線を、きれいになぞろう⑥……19
問題13　いろいろな線を、きれいになぞろう⑦……20
問題14　はらい、はねにちゅういして、なぞろう（左きき用）……21
問題15　線からはみでないように、イナズマをかこう（左きき用）……22
問題16　りょう手で三角形をつくって、絵にあてよう①……23
問題17　りょう手で三角形をつくって、絵にあてよう②……25
問題18　線をなぞり、そのまま長くしてみよう……27
問題19　2つの線をのばして、ぶつかるところに点をかこう……29
問題20　線のまんなかに、「●」しるしをかこう……31
問題21　1から15まで、じゅん番に線でむすぼう……33
問題22　1から25まで、じゅん番に線でむすぼう……35
問題23　1から20まで、点をじゅん番に線でむすぼう……37
問題24　1から19まで、1つとびに線でむすぼう……39
問題25　20から1まで、じゅん番に線でむすぼう……41
問題26　スタートからゴールまで、1本の線をひこう①……43
問題27　スタートからゴールまで、1本の線をひこう②……45
問題28　いろいろな大きさの正方形を、3つかこう……47
問題29　線を足して、正方形にしよう①……49
問題30　線を足して、正方形にしよう②……51
問題31　同じ長さの線をかいて「＋」にしよう……53

問題32 正方形の中に、「＋」の線をかこう……55
問題33 正方形の角と角を、線でむすぼう……57
問題34 ななめの線にあわせて、正方形をかこう……59
問題35 だ円が半分になるように、線をかこう……61
問題36 だ円のはしに、「●」しるしを2つかこう……63
問題37 体の中心に、線をかこう……65
問題38 正方形をふやして、大きな正方形や長方形をつくろう……67
問題39 丸をひとしくわけたり、扇形から丸をつくったりしよう……69
問題40 正方形が半分になるように、たて線をかこう……71
問題41 ひらがなを正方形でかこもう……73
問題42 カタカナを正方形でかこもう……75
問題43 字をかくときのさいしょの場しょに、点をかこう……77
問題44 線の上に、同じ大きさの丸を5つかこう……79
問題45 下の線まで、つづきの丸をかこう……81
問題46 長方形の中に、正方形を4つつくろう……83
問題47 長方形の中に、丸や三角形をかこう……85
問題48 ことばをつくっている文字に、マスをかこう……87
問題49 四角の中と同じじゅん番で、図形をかこう①……89
問題50 四角の中と同じじゅん番で、図形をかこう②……91
問題51 四角の中と同じじゅん番で、図形をかこう③……93
問題52 赤い四角のまんなかに、線をかこう①……95
問題53 赤い四角のまんなかに、線をかこう②……97
問題54 しんぶんから「た」と「が」を目でさがそう。いくつあるかな？……99
問題55 スーパーのチラシから、トマトとさかなをさがそう。いくつあるかな？……101
問題56 イベントのチラシを、大きく3つのまとまりにわけてみよう……103
問題57 ほしをえんぴつでくろくぬってから、手をそえてけしゴムでけそう……105
問題58 だ円の中の字・図形をえんぴつでなぞって、けしゴムでけそう……107
問題59 線をなぞって形をぬったあと、指示のあるところだけけしゴムでけそう……109
問題60 しるしのところだけ、えんぴつでぬろう……111
問題61 なすを5本みつけて、えんぴつでぬろう……113
問題62 じょうぎをつかって線をひいて、長さをはかろう……115
問題63 じょうぎをつかって、1から20までじゅん番に線でむすぼう……117

問《もん》題《だい》 1

1から4の線《せん》とこさが同《おな》じになるように、となりに線《せん》をかこう

こんなふうにやろう

力《ちから》をいれたり
弱《よわ》めたりすると
線《せん》のこさが
かわるよ。

左《ひだり》きき

4　3　2　1

右《みぎ》きき

1　2　3　4

問《もん》題《だい》 2

手を紙《かみ》につけたまま、線《せん》をきれいになぞろう

こんなふうにやろう

線《せん》をよく見《み》て、ゆっくりなぞろう。

左《ひだり》きき　2　1

右《みぎ》きき　2　1

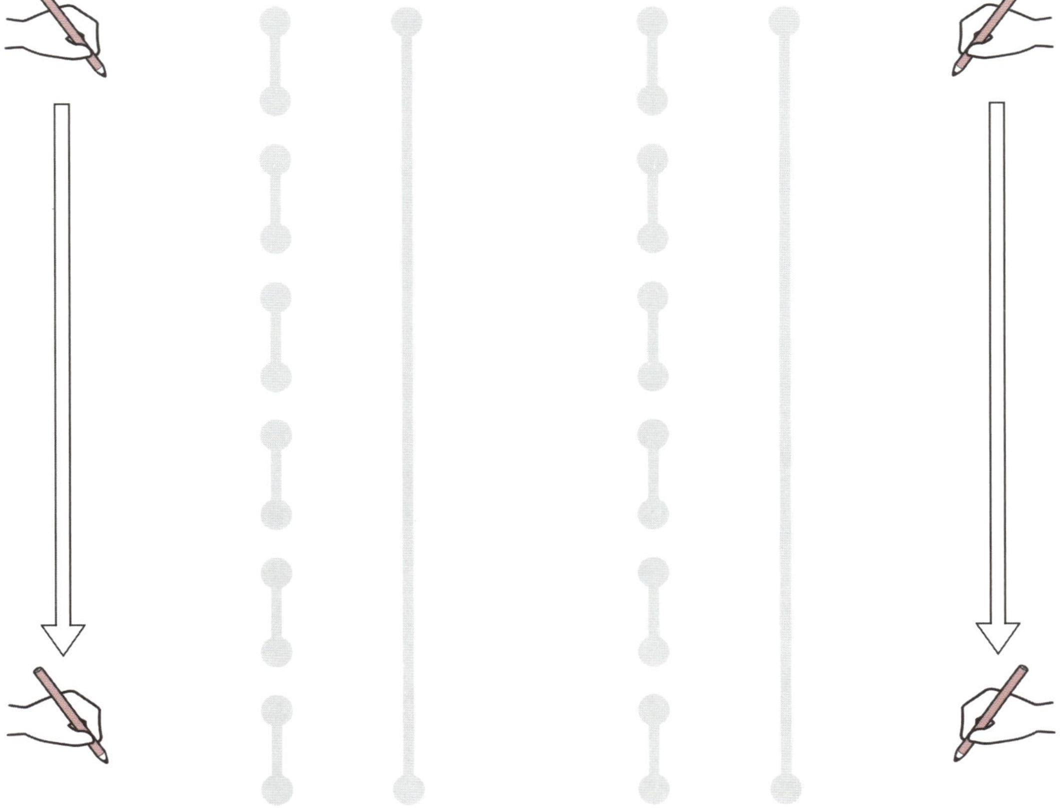

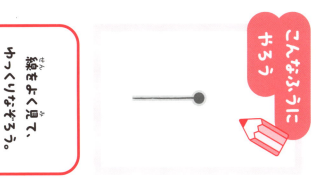

問《もん》題《だい》 3

線《せん》からはみでないように、きれいになぞろう①

こんなふうにやろう

線《せん》をよく見《み》て、ゆっくりなぞろう。

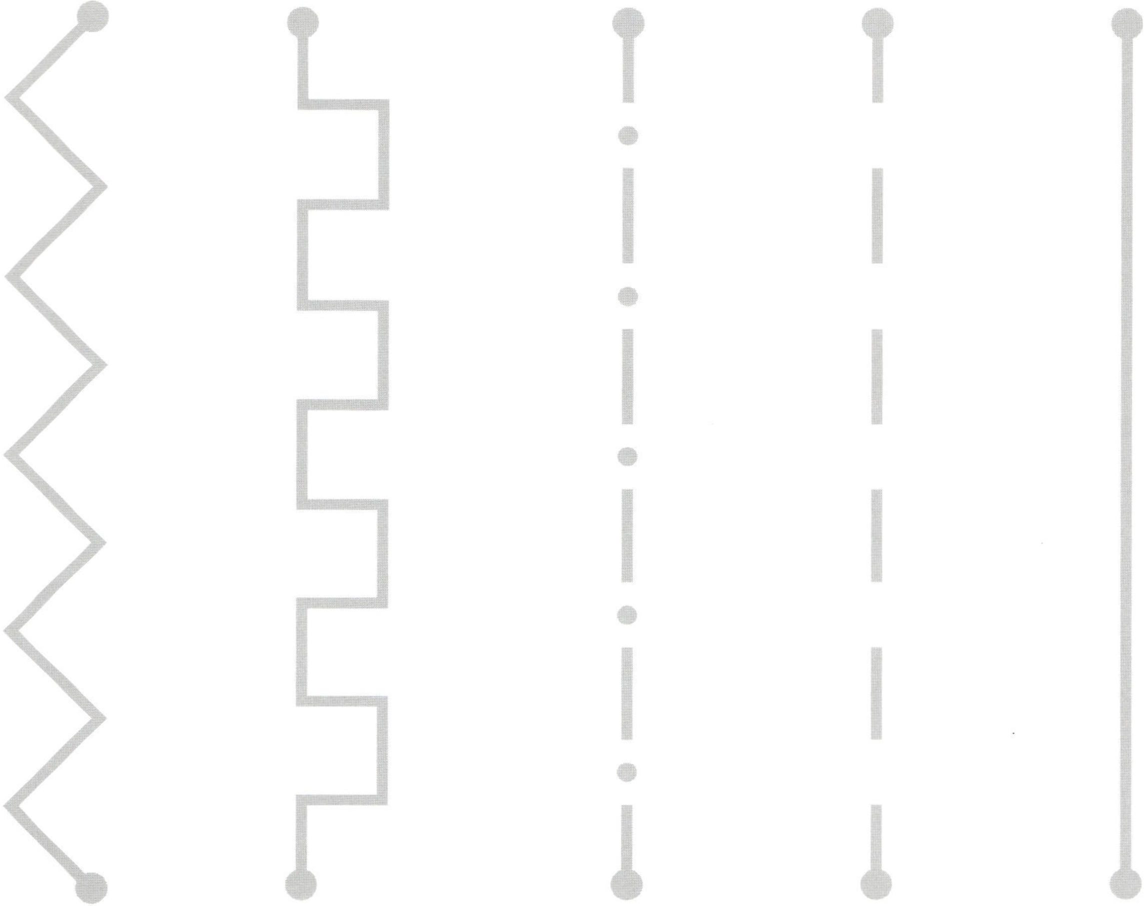

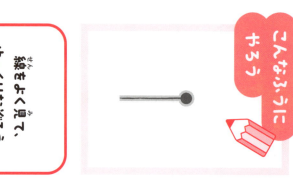

問《もん》題《だい》 4

線《せん》からはみでないように、きれいになぞろう②

こんなふうにやろう

線《せん》をよく見《み》て、ゆっくりなぞろう。

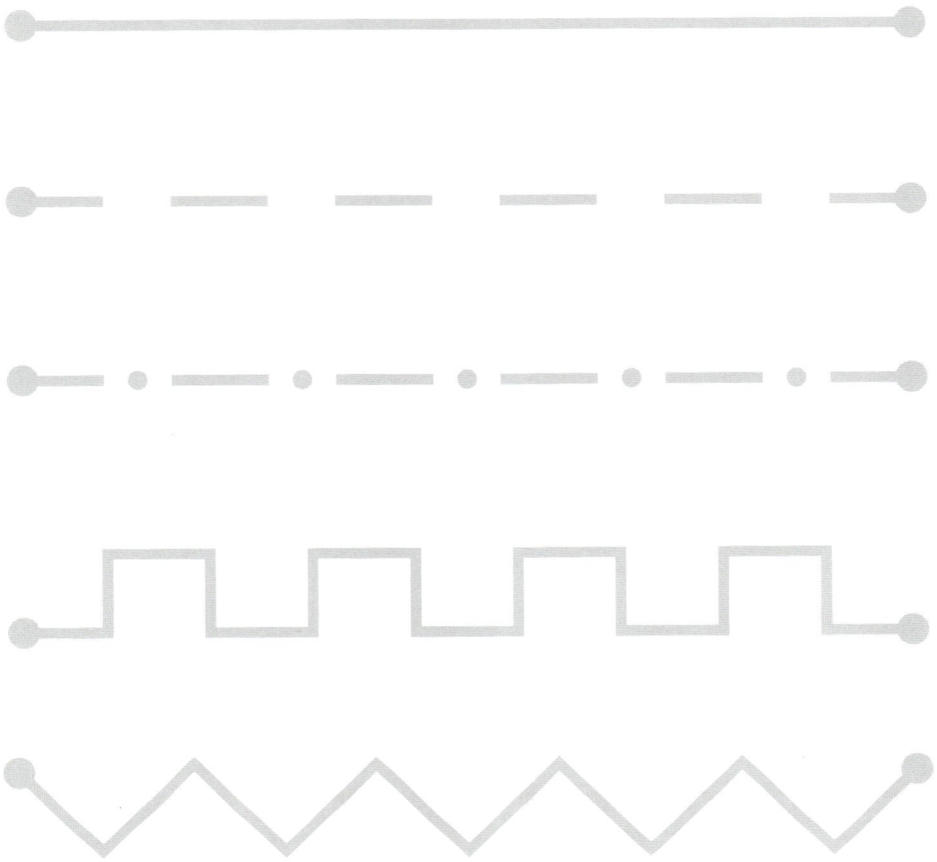

問《もん》題《だい》 5

いろいろな線《せん》を、きれいになぞろう①

こんなふうにやろう

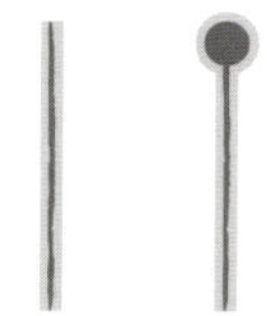

丸《まる》のこところも
ぬろう。

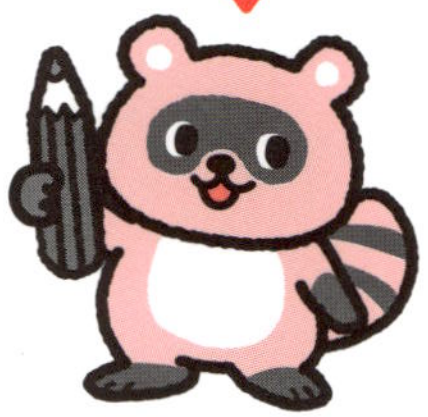

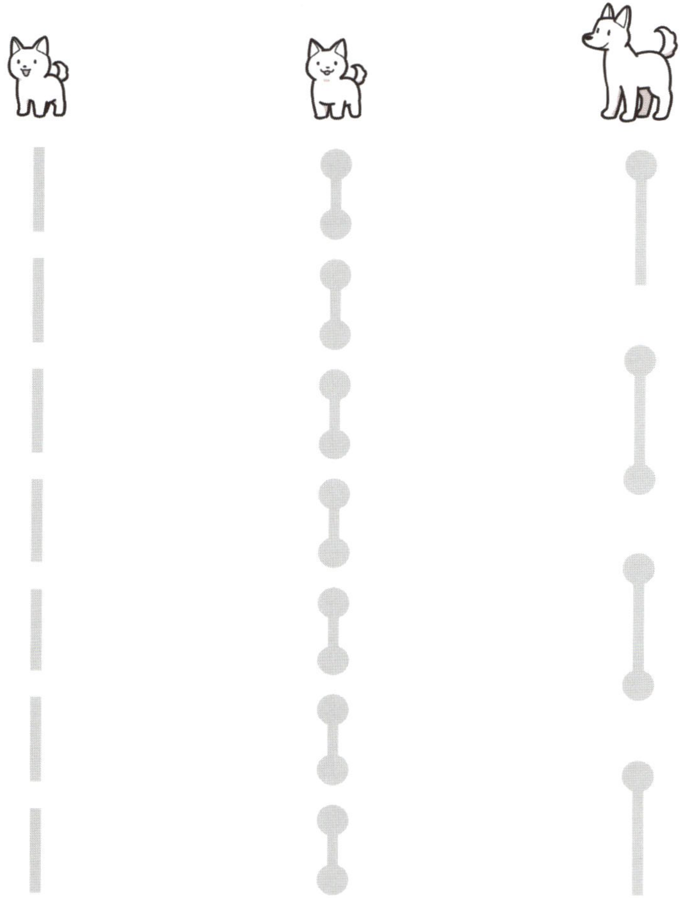

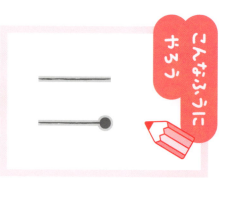

問《もん》題《だい》 6

いろいろな線《せん》を、きれいになぞろう②

こんなふうにやろう

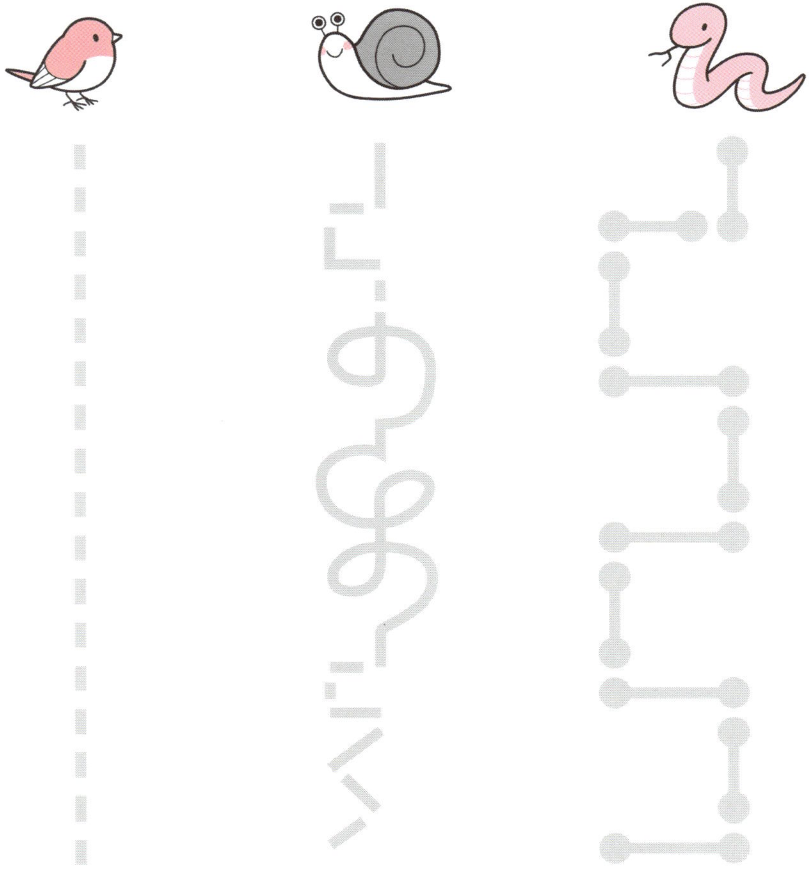

こまかい線《せん》も
あるけど、
ゆっくりやろう。

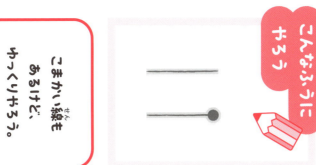

問《もん》題《だい》 7

大《おお》きなだ円《えん》を、きれいになぞろう

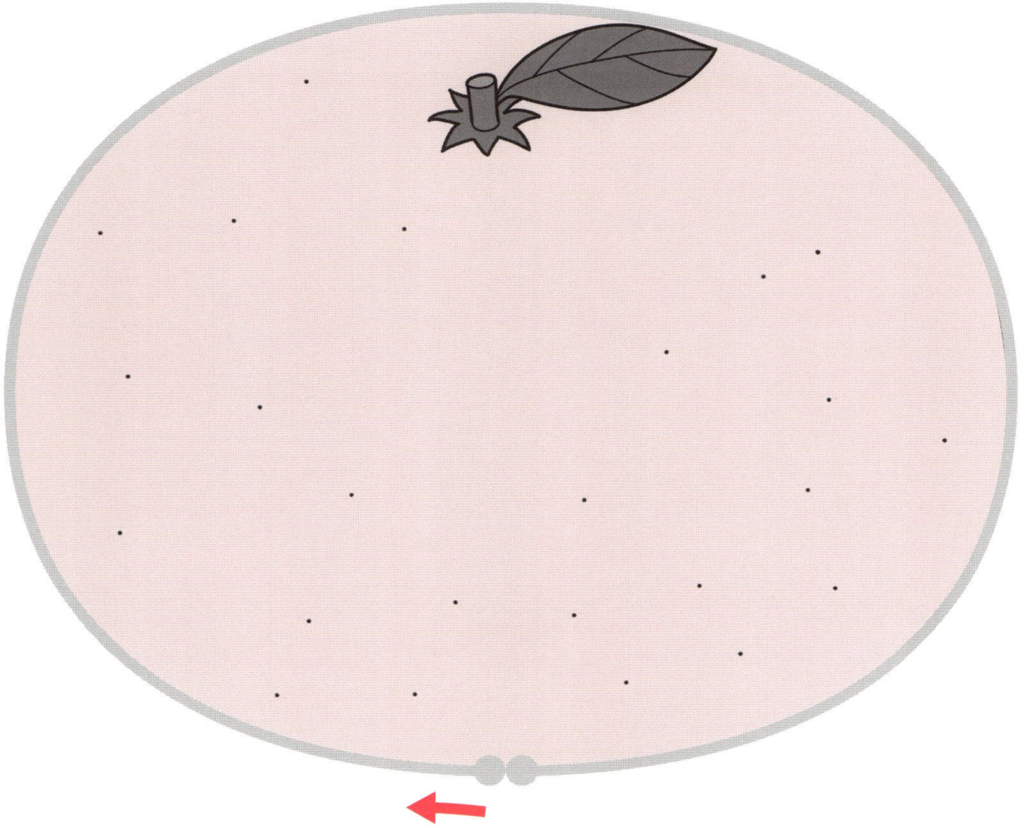

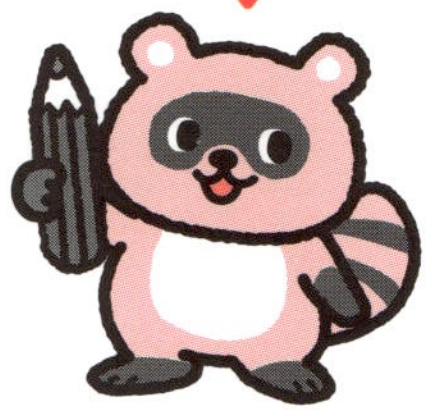

とちゅうで
止《と》まらずに、
ひとふでで
かききろう。

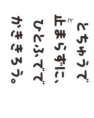

問《もん》題《だい》 8

大《おお》きな8の字《じ》を、きれいになぞろう

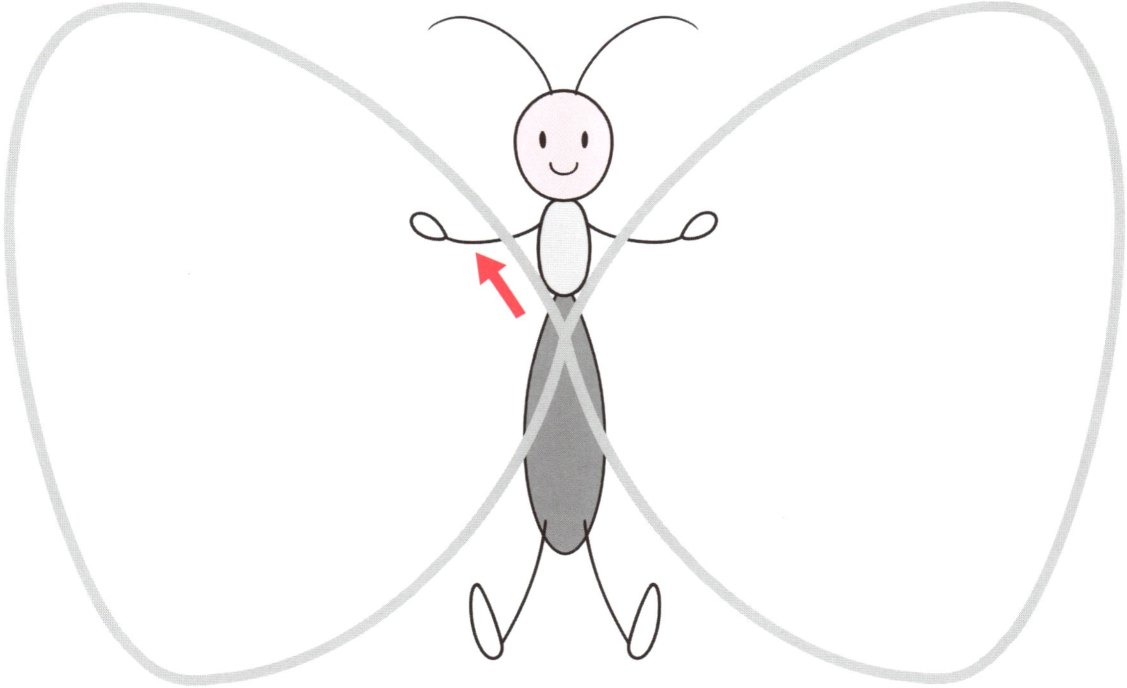

8の字《じ》を、
とちゅうで
止《と》まらずに、
大《おお》きくかこう。

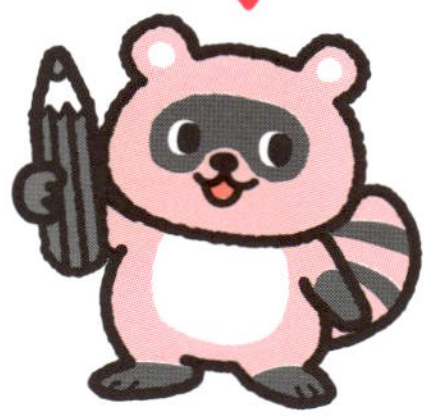

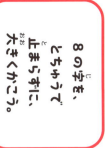

問《もん》題《だい》 9

いろいろな線《せん》を、きれいになぞろう③

こんなふうにやろう

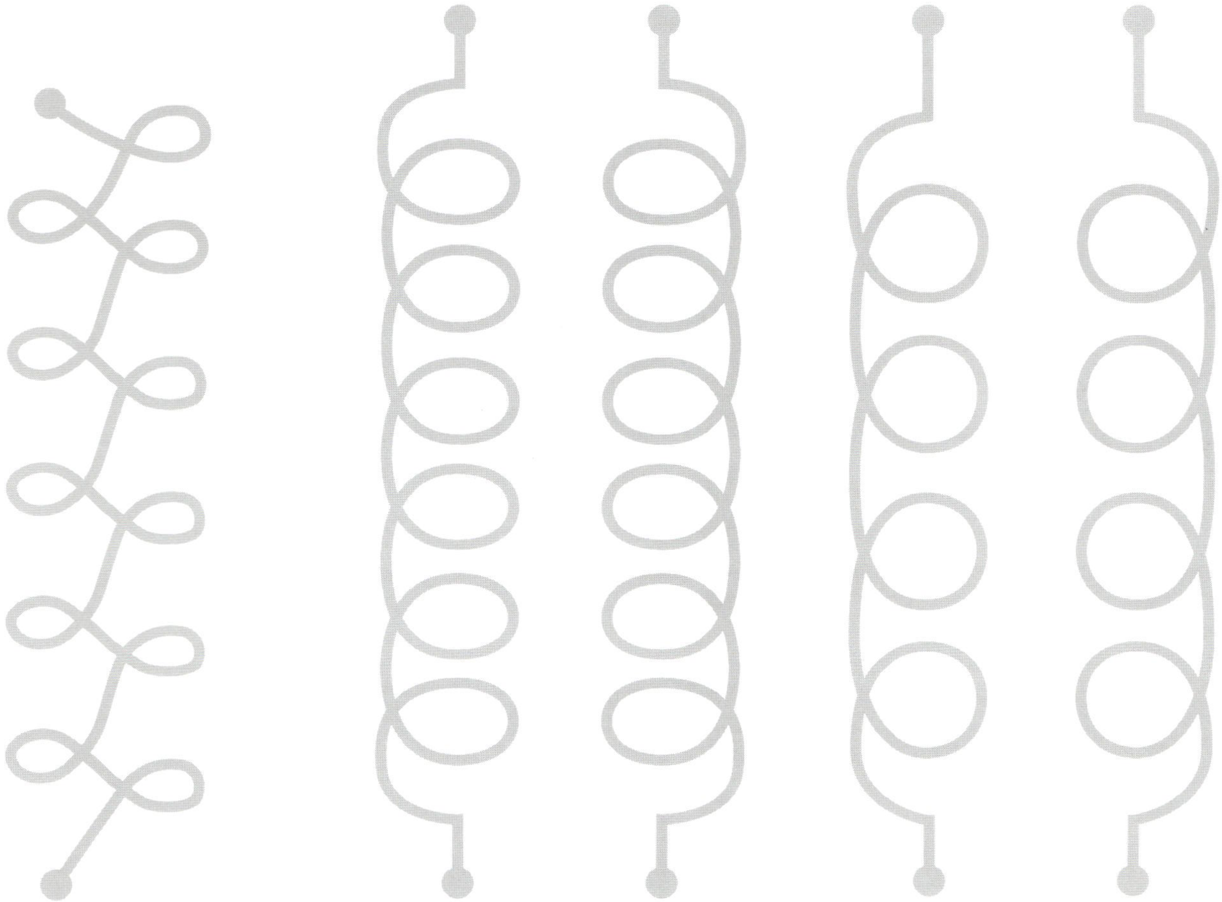

問《もん》題《だい》 10

いろいろな線《せん》を、きれいになぞろう④

こんなふうにやろう

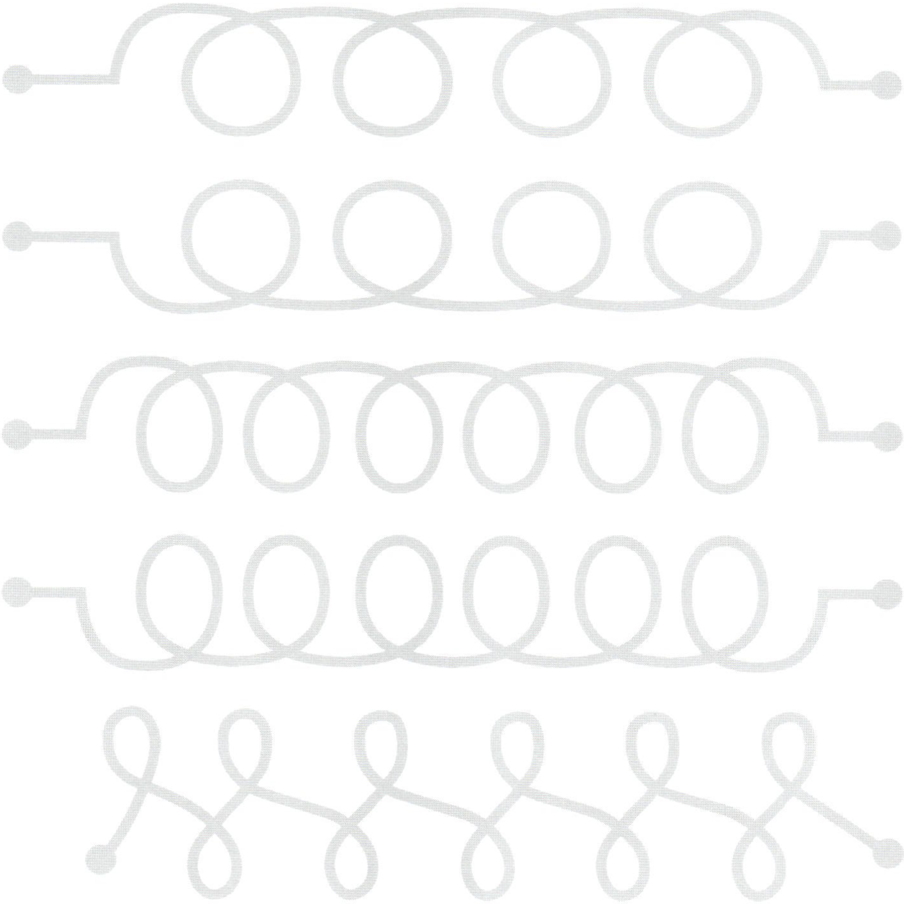

線《せん》をよく見《み》て、
ゆっくりなぞろう。

問《もん》題《だい》 11

いろいろな線《せん》を、きれいになぞろう⑤

こんなふうにやろう

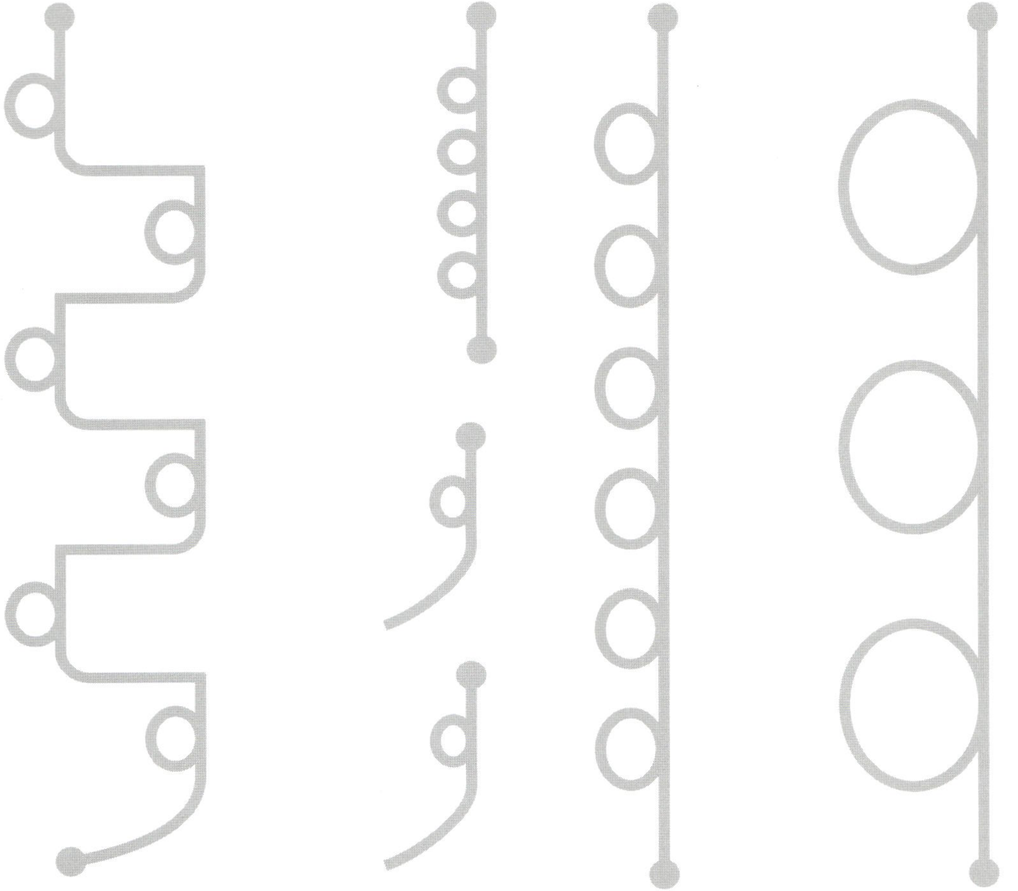

丸《まる》がたくさんあるよ。
はみださないように、
ゆっくりかこう。

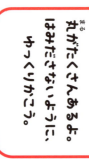

問《もん》題《だい》 12

いろいろな線《せん》を、きれいになぞろう⑥

こんなふうにやろう

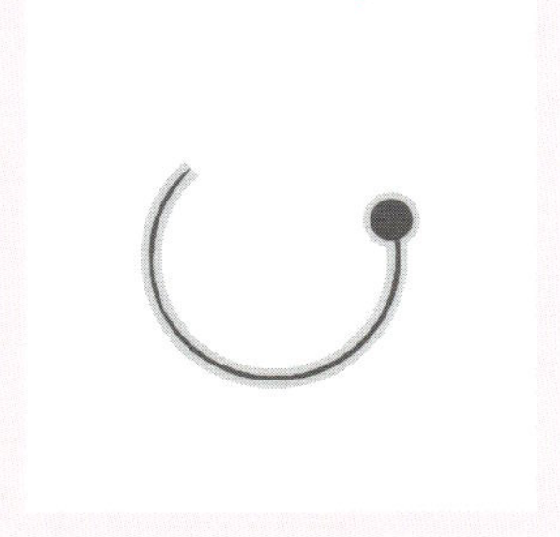

よく見《み》てきれいになぞってみよう。

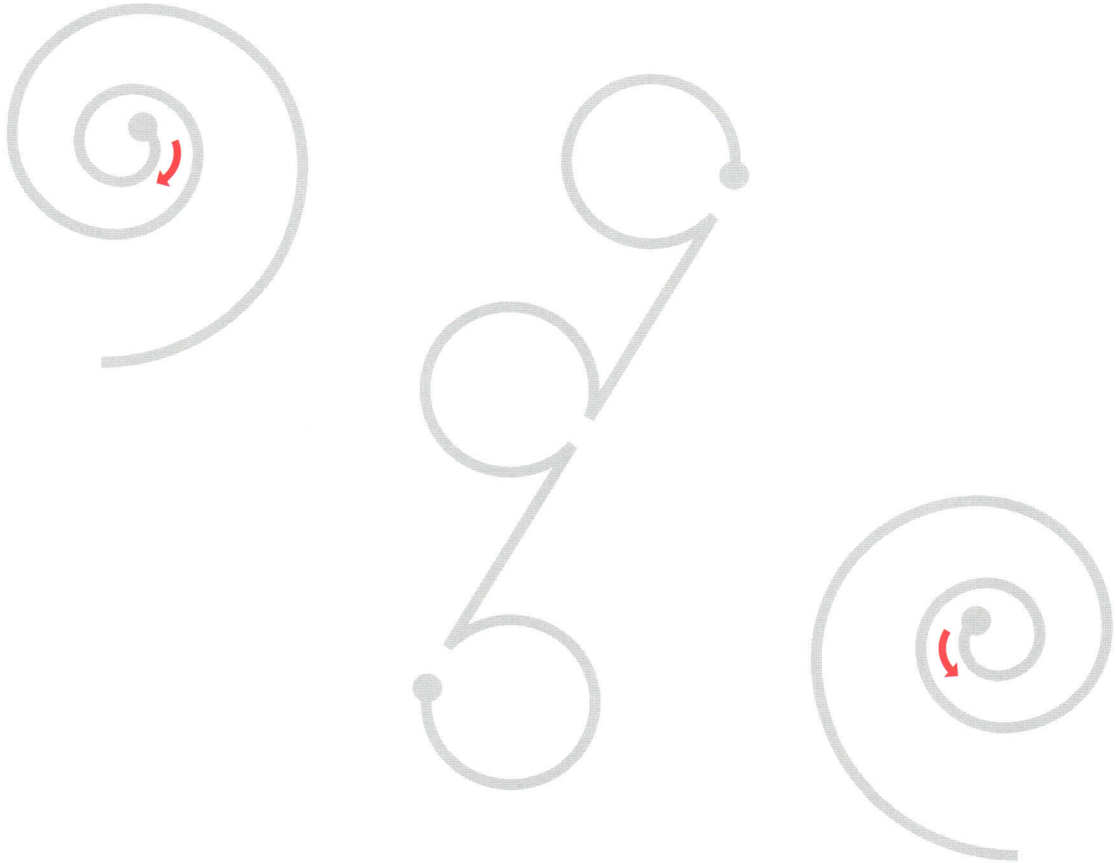

問《もん》題《だい》 13

いろいろな線《せん》を、きれいになぞろう⑦

こんなふうにやろう

こんどは、女《おんな》の子《こ》の絵《え》がでてきたよ。
なぞりおわったら、色《いろ》をぬっても楽《たの》しいよ。

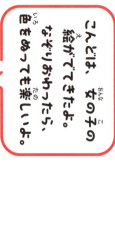

問《もん》題《だい》 14

はらい、はねにちゅういして、なぞろう（左《ひだり》きき用《よう》）

こんなふうにやろう

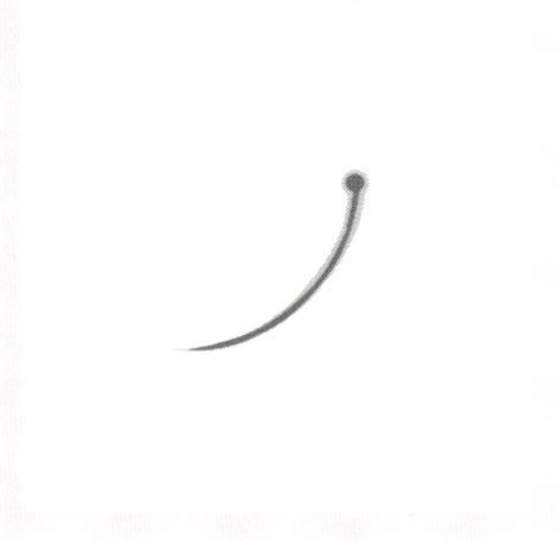

いろいろな線《せん》をかいてみよう。

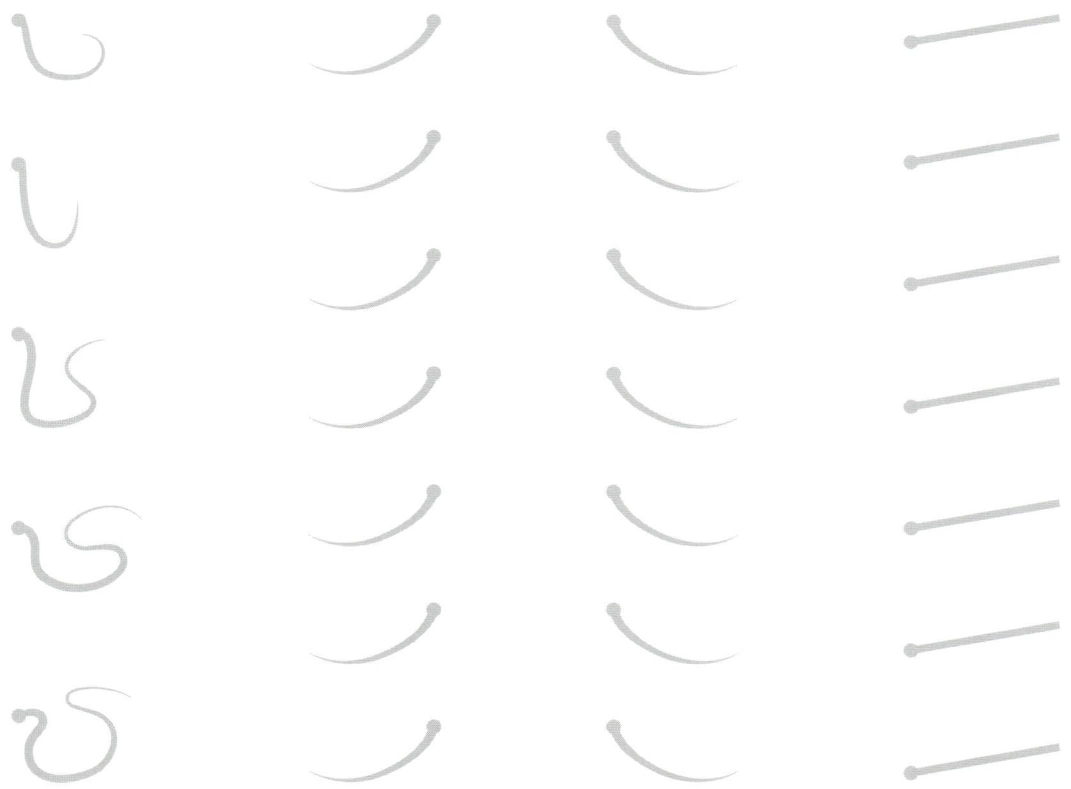

問《もん》題《だい》 15

線《せん》からはみでないように、イナズマをかこう（左《ひだり》きき用《よう》）

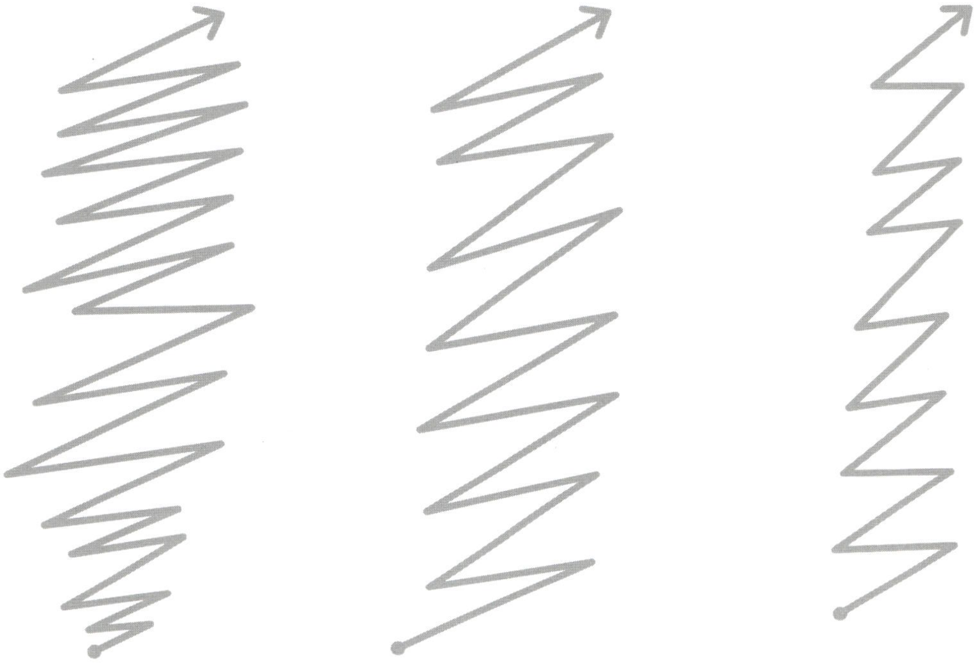

線《せん》から
はみださないように
ていねいにかこう。

問題《もんだい》 16

りょう手《て》で三角形《さんかくけい》をつくって、絵《え》にあてよう①

こんなふうにやろう

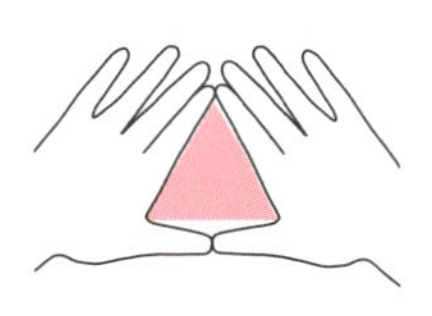

りょう手《て》の親《おや》ゆびと人《ひと》さしゆびで、三角形《さんかくけい》を作《つく》るよ。できたら、その手《て》を三角形《さんかくけい》にあててみよう。

答《こた》えは次《つぎ》のページ

答《こた》え 16

りょう手《て》で三角形《さんかくけい》をつくって、絵《え》にあてよう①

先生・保護者の方へ

両手で三角形を作ることで、斜めの線や三角形の向きに対する感覚を体で覚えます。難しい場合は、まず親指をつけることから始めます。

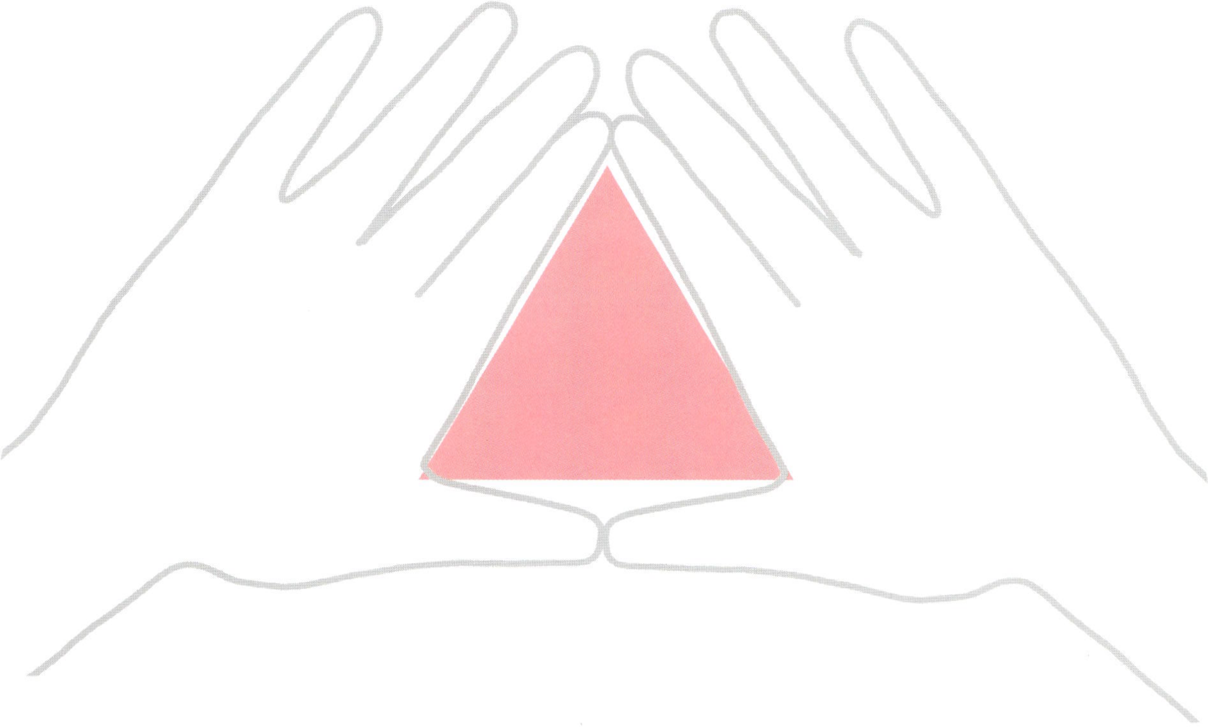

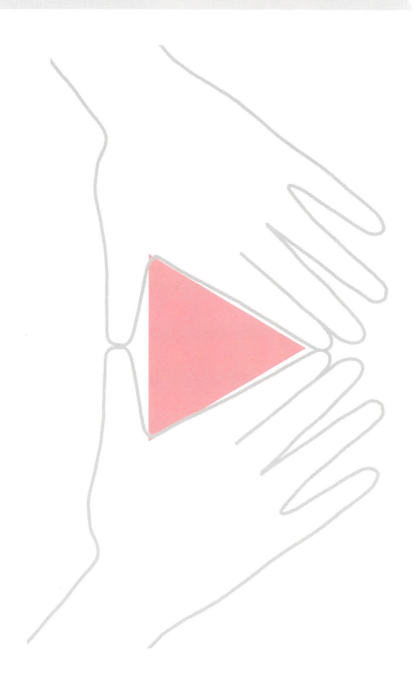

問《もん》題《だい》 17

りょう手《て》で三角形《さんかくけい》をつくって、絵《え》にあてよう②

こんなふうにやろう

りょう手《て》の親《おや》ゆびと人《ひと》さしゆびで、三角形《さんかくけい》を作《つく》るよ。できたら、その手《て》を三角形《さんかくけい》にあててみよう。

答《こた》えは次《つぎ》のページ

答《こた》え 17

りょう手《て》で三角形《さんかくけい》をつくって、絵《え》にあてよう②

先生・保護者の方へ

問題16のレベルアップ編です。図形に手を当てるのが難しい時は本をずらしたり、立って行うところから始めるとよいでしょう。

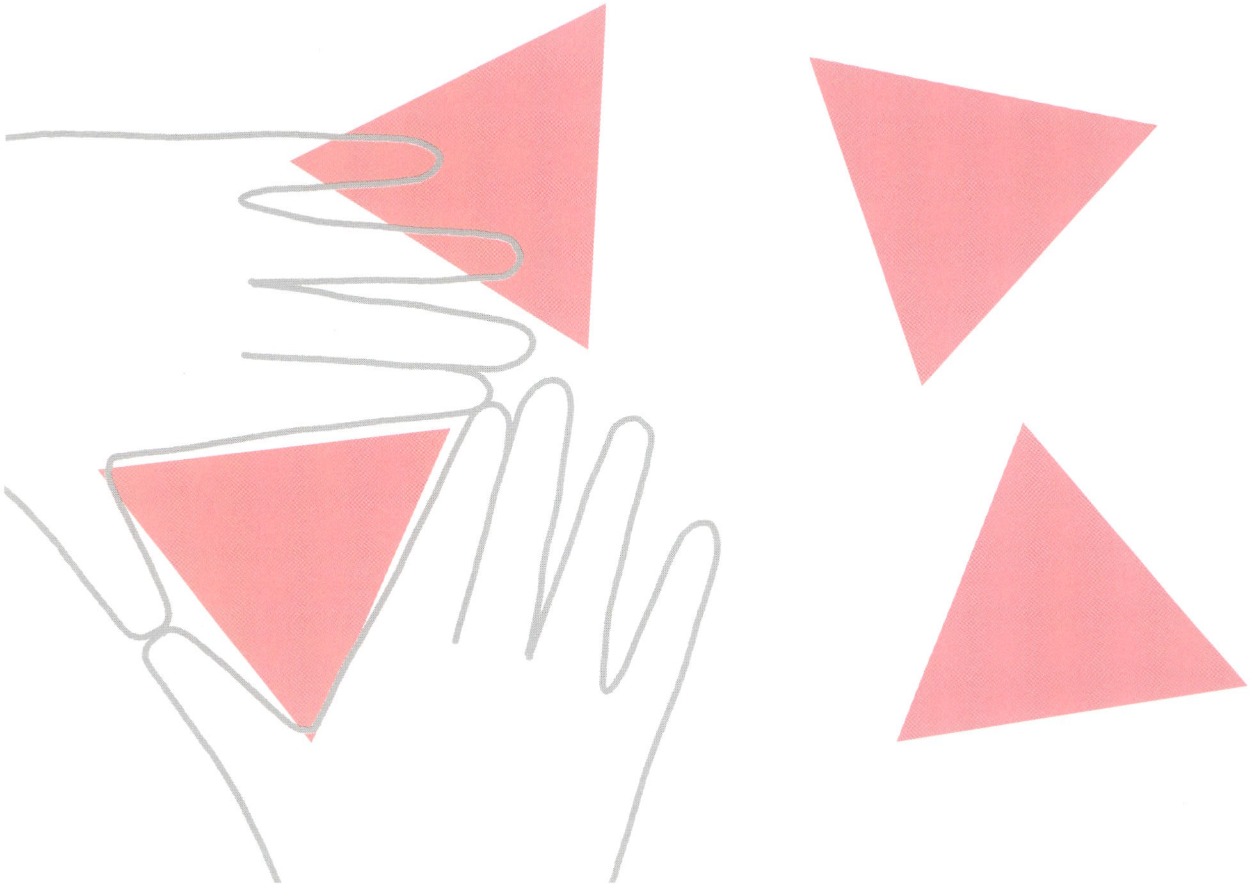

問題《もんだい》

18

線《せん》をなぞり、そのまま長《なが》くしてみよう

線《せん》が、まがらない
ように気《き》をつけながら、
どんどん長《なが》くして
いってね。

答《こた》えは次《つぎ》のページ

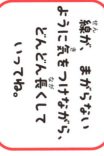

答《こた》え 18

線《せん》をなぞり、そのまま長《なが》くしてみよう

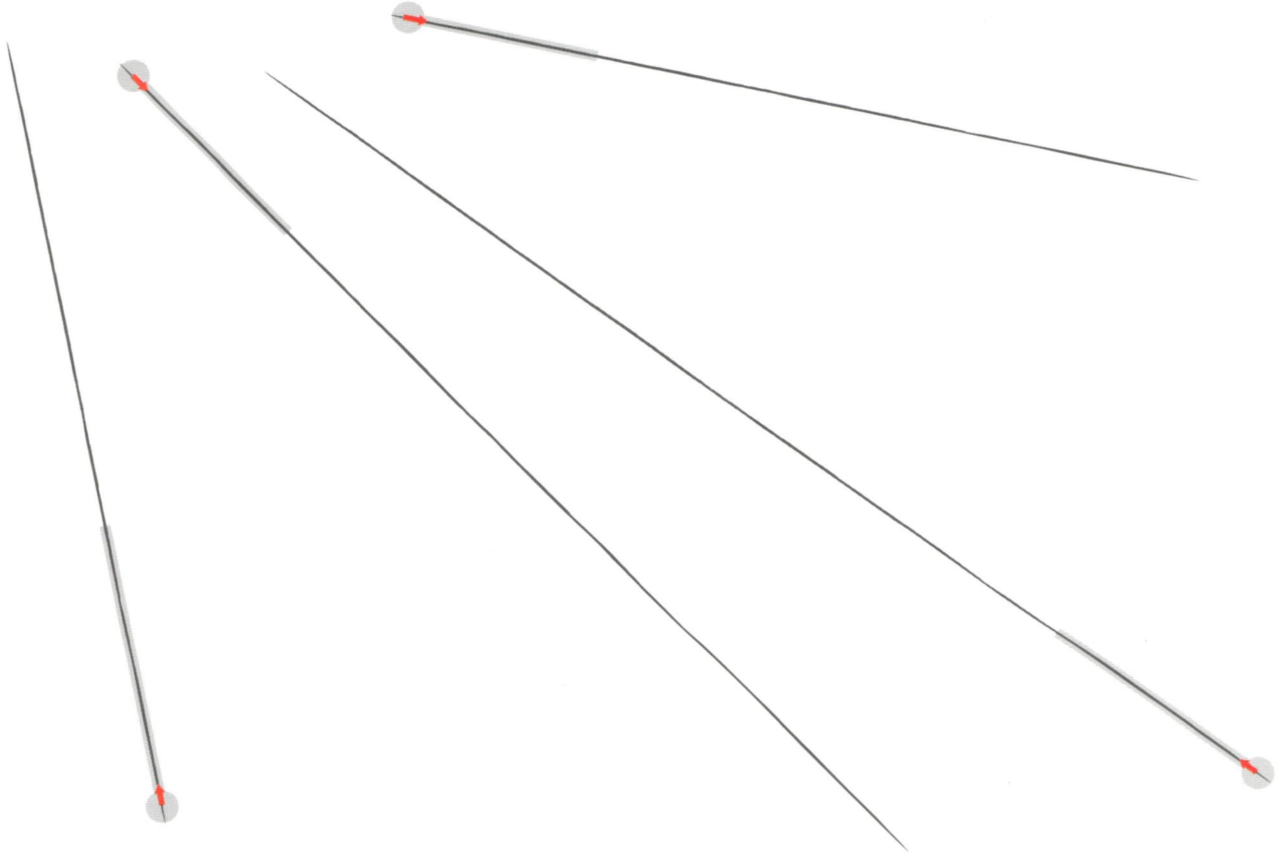

先生・保護者の方へ

見本の線と鉛筆の先の２つを交互に見て書くことを身につけます。線が書けたら、どの程度まっすぐだったか、定規で確認してみましょう。斜め線を見るのが難しい場合は、紙（本）を傾けてやりやすい位置にするところから始めます。

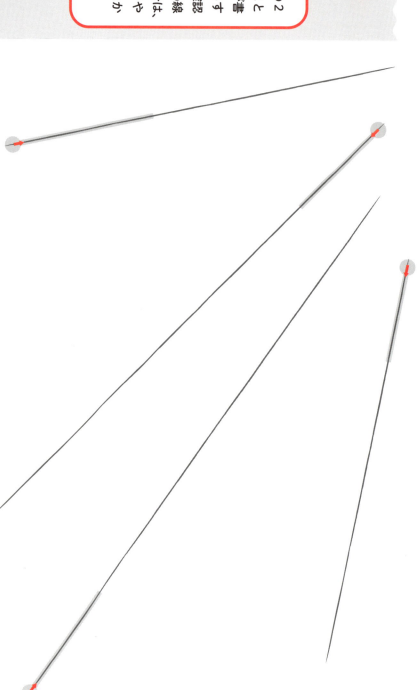

問《もん》題《だい》 19

2つの線《せん》をのばして、ぶつかるところに点《てん》をかこう

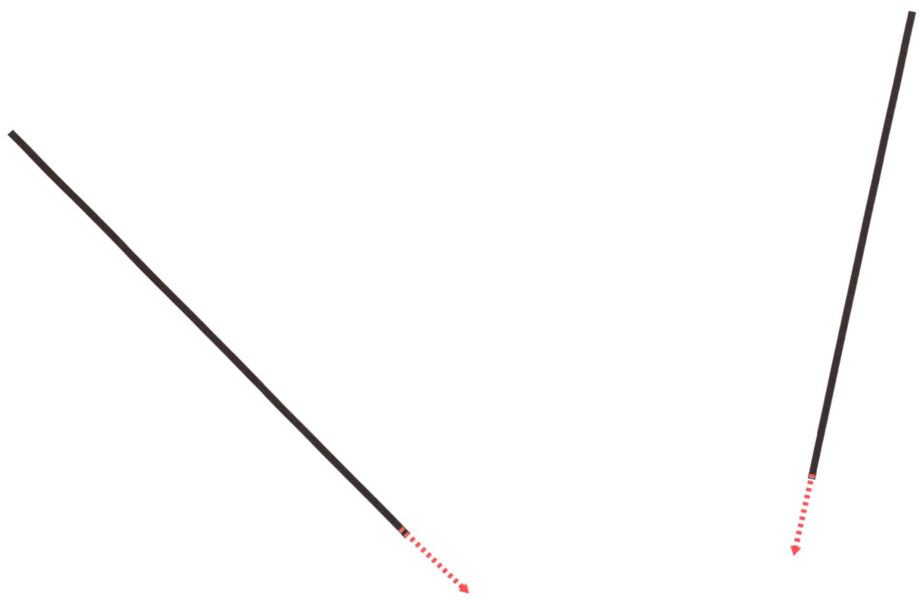

頭《あたま》のなかで、線《せん》を
のばしていって、
ぶつかる場《ば》しょを
考《かんが》えてみてね。

答《こた》えは次《つぎ》のページ

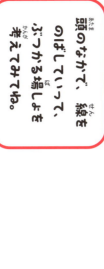

答《こた》え 19

2つの線《せん》をのばして、ぶつかるところに点《てん》をかこう

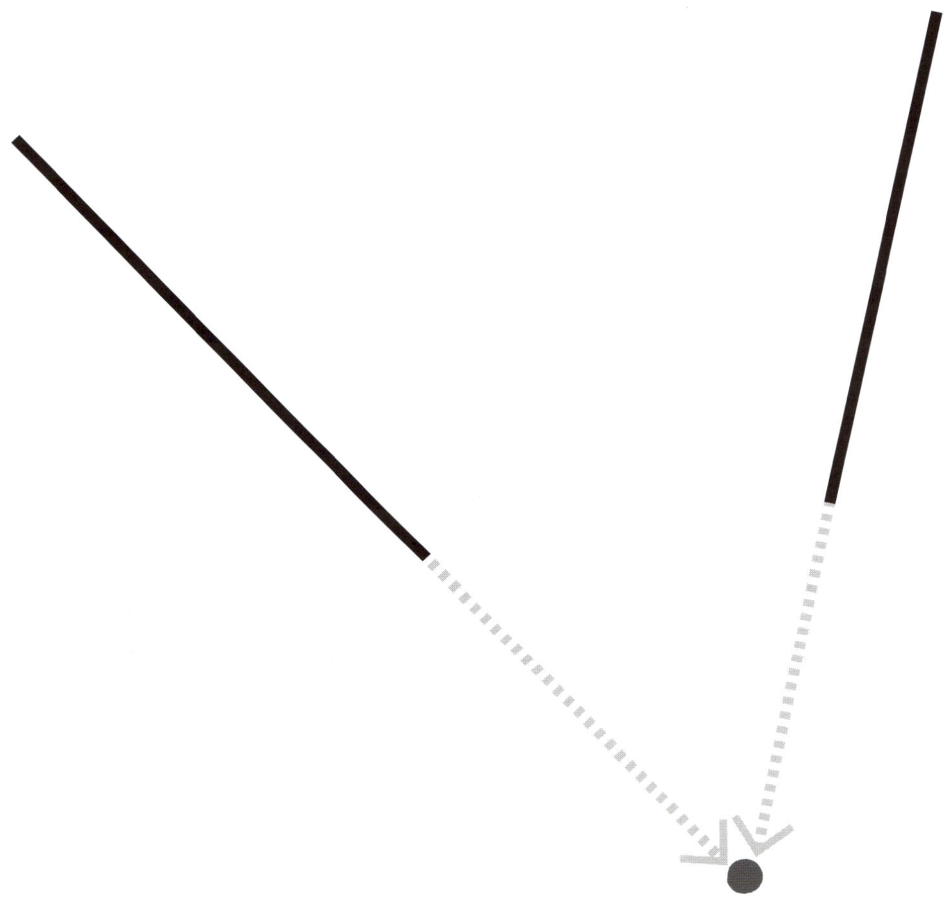

先生・保護者の方へ

2つの線を交互に見て書くことを身につけます。まずは、線をじっくり見ることをうながします。点が書けたら、定規で確認してみます。難しい場合は、指で線の延長をなぞったり、線を書くことから始めましょう。

問題《もんだい》 20

線《せん》のまんなかに、「●」しるしをかこう

こんなふうにやろう

線《せん》をはしからはしまでよく見《み》て、半分《はんぶん》の場所《ばしょ》を見《み》つけてね。たくさんの線《せん》があるので、やりわすれがないか気《き》をつけてね。

答《こた》えは次《つぎ》のページ

答《こた》え 20

線《せん》のまんなかに、「●」しるしをかこう

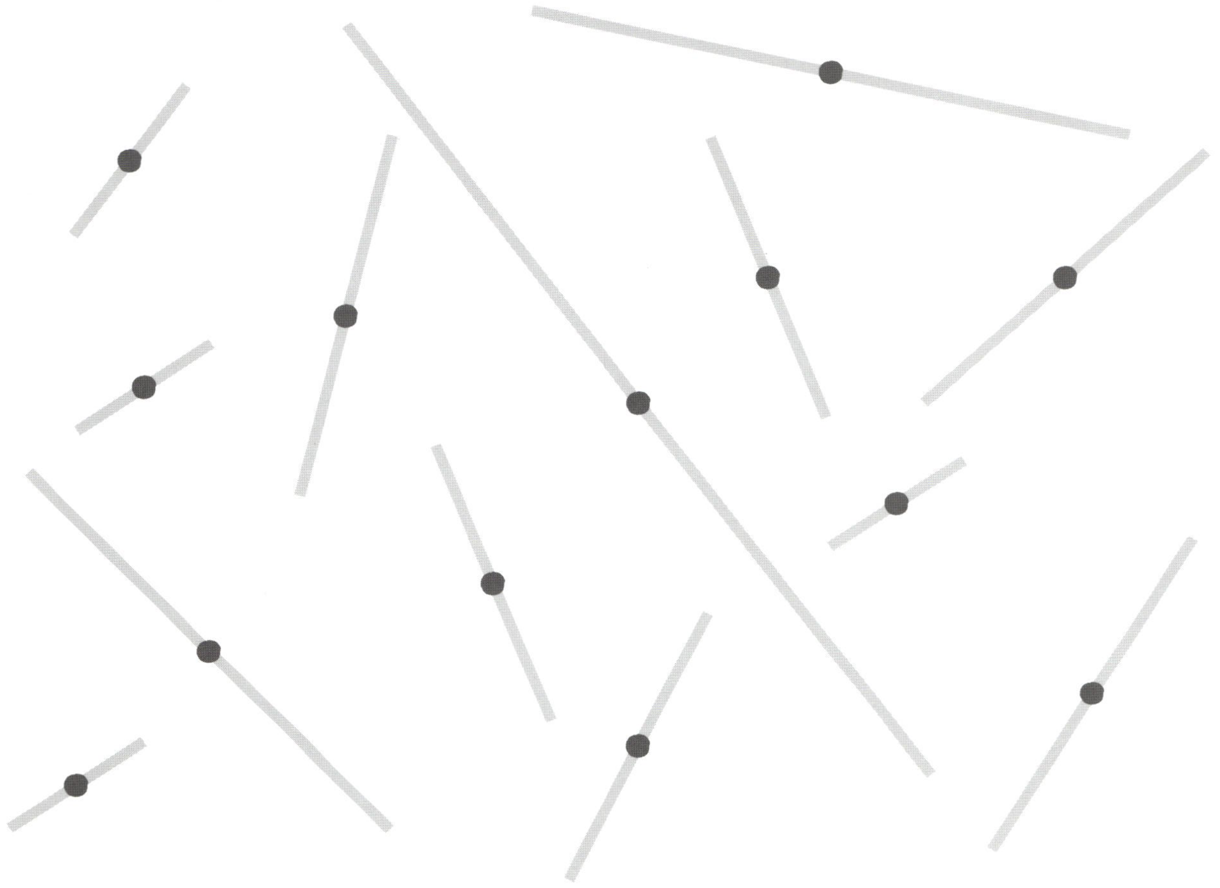

先生・保護者の方へ

多少のズレは問題ありませんので、線の両端を見て作業ができているかに注目し、できていないようなら声掛けをしてあげましょう。斜めの線を見るのが難しい場合は、紙（本）を傾けてやりやすい位置にするところから始めます。

問《もん》題《だい》 21

1から15まで、じゅん番《ばん》に線《せん》でむすぼう

こんなふうにやろう

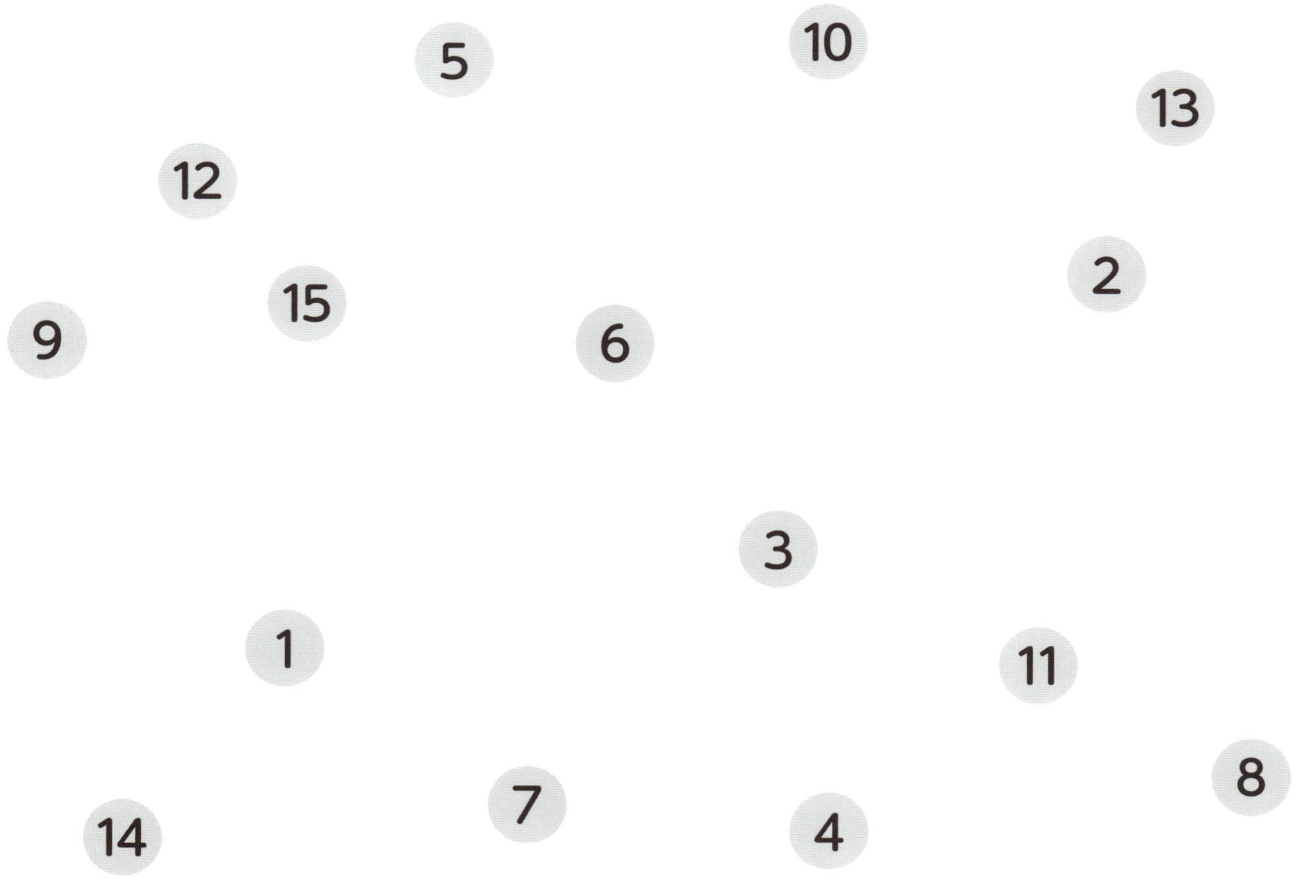

行《い》き先《さき》を見《み》ながら、できるだけまっすぐな線《せん》をかこう。

答《こた》えは次《つぎ》のページ

答《こた》え 21

1から15まで、じゅん番《ばん》に線《せん》でむすぼう

先生・保護者の方へ

行き先を確認しながらまっすぐな線を引くことを身につけます。曲がってしまう場合には、一度書いた上に、もう一度やり直すとよいでしょう。

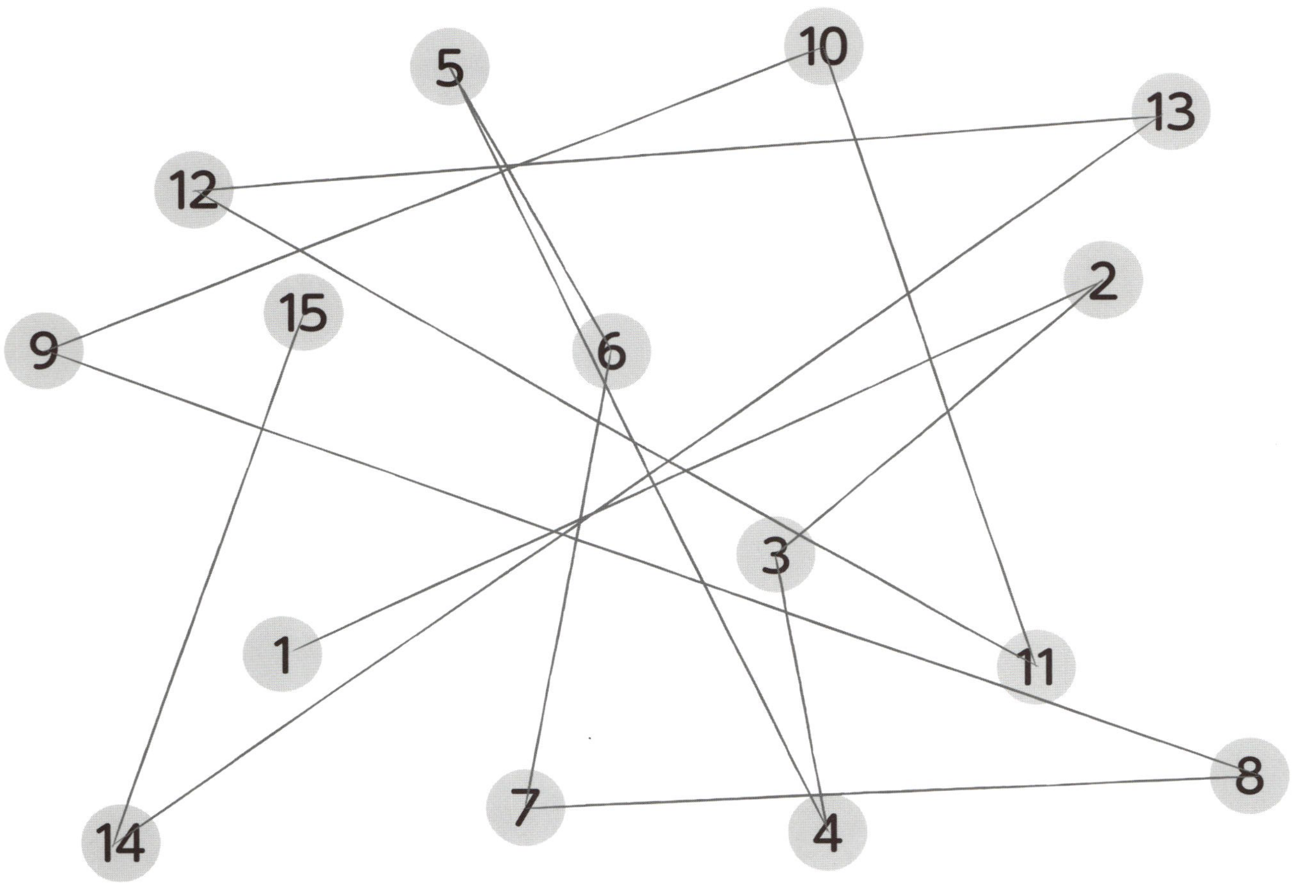

問《もん》題《だい》 22

1から25まで、じゅん番《ばん》に線《せん》でむすぼう

こんなふうにやろう

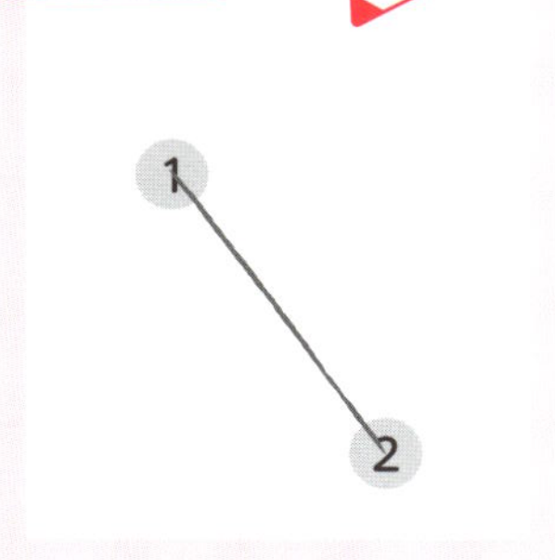

行《い》き先《さき》をよく見《み》ながら、できるだけまっすぐな線《せん》をかこう。

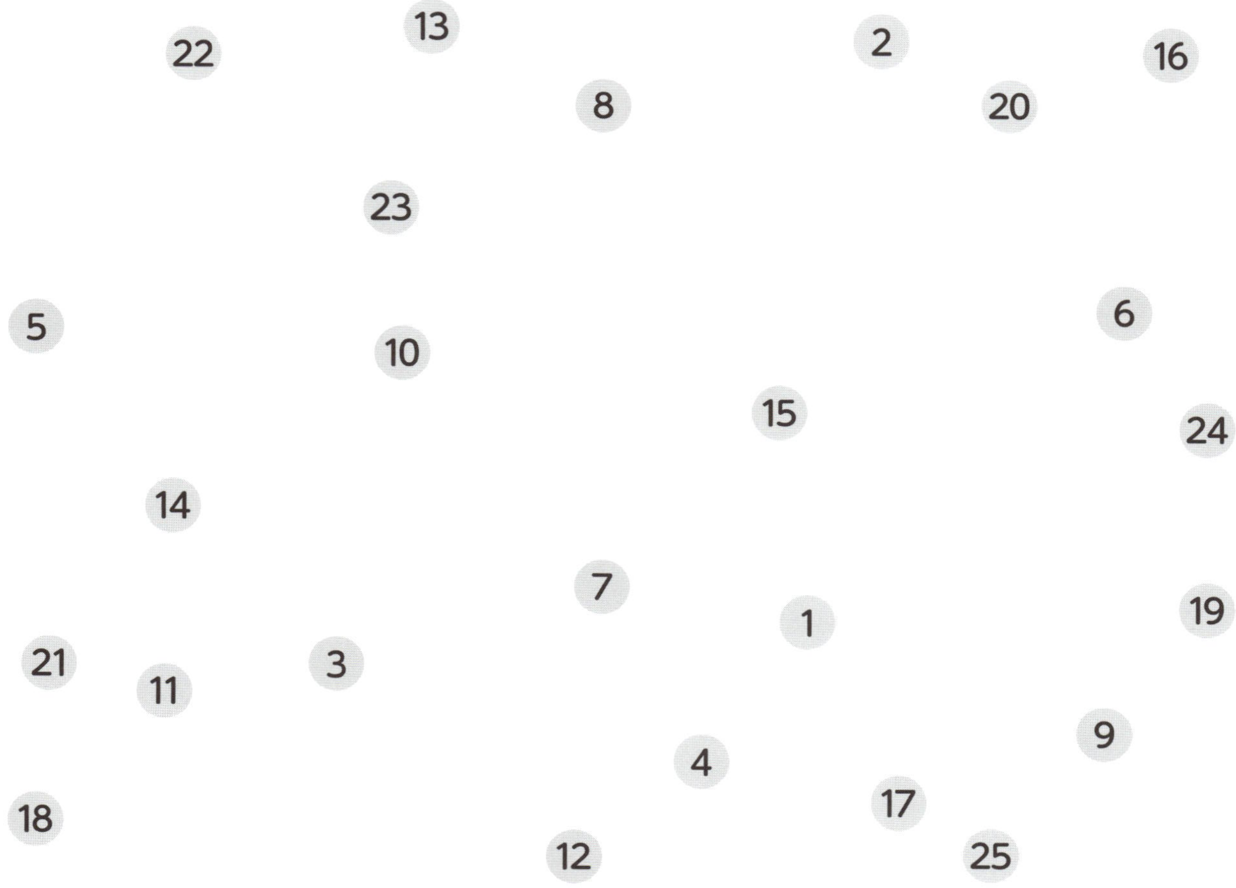

答《こた》えは次《つぎ》のページ

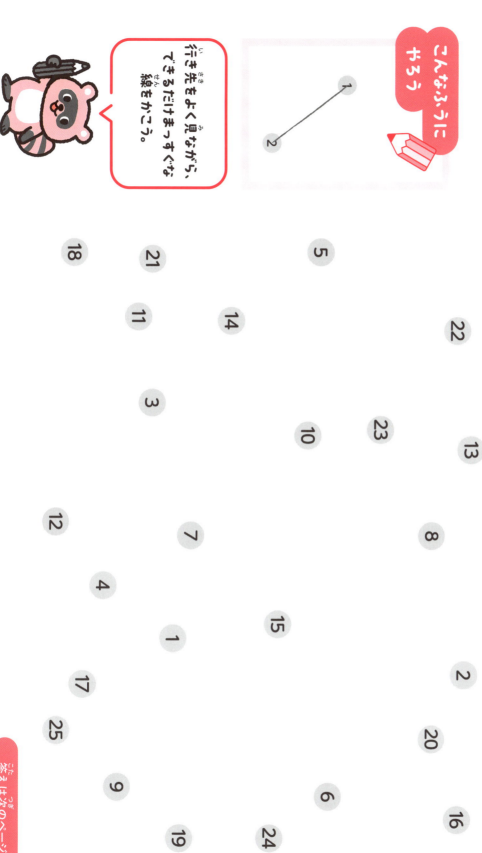

答《こた》え 22

1から25まで、じゅん番《ばん》に線《せん》でむすぼう

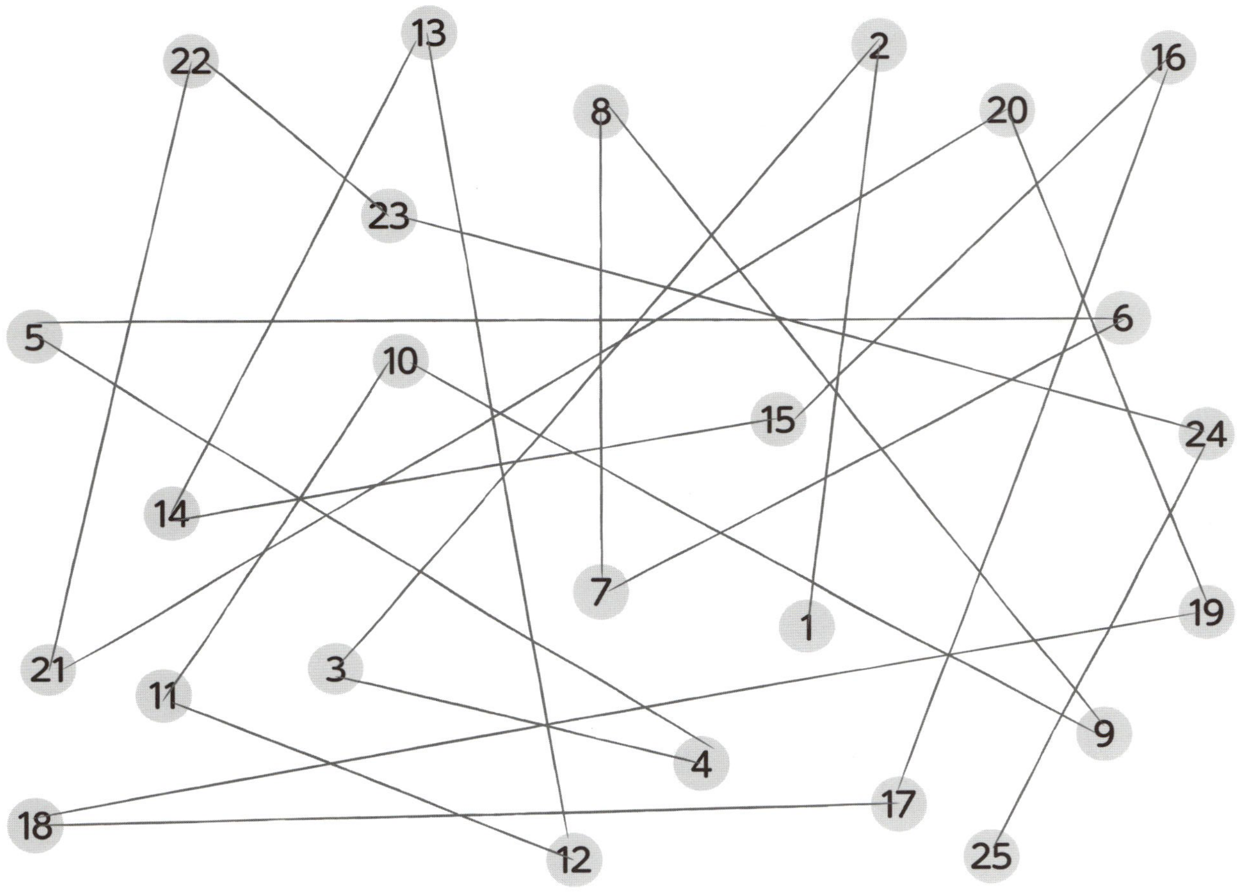

先生・保護者の方へ

問題21のレベルアップ編です。行き先を確認しながらまっすぐな線を引くことを身につけます。曲がってしまう場合には、一度書いた上に、もう一度やり直すとよいでしょう。

問《もん》題《だい》 23

1から20まで、点《てん》をじゅん番《ばん》に線《せん》でむすぼう

こんなふうにやろう

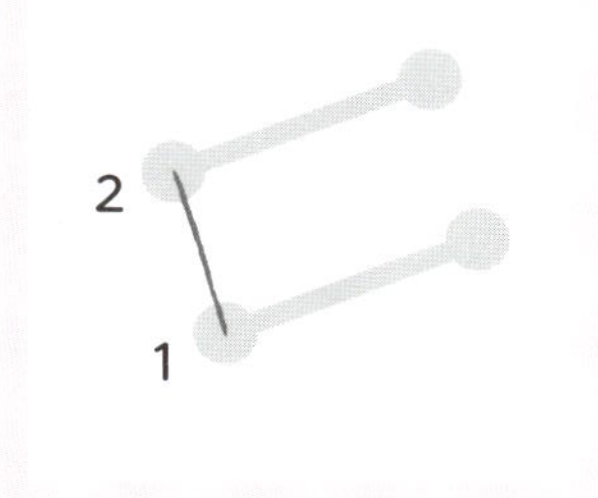

なんの絵《え》が出《で》てくるかな?

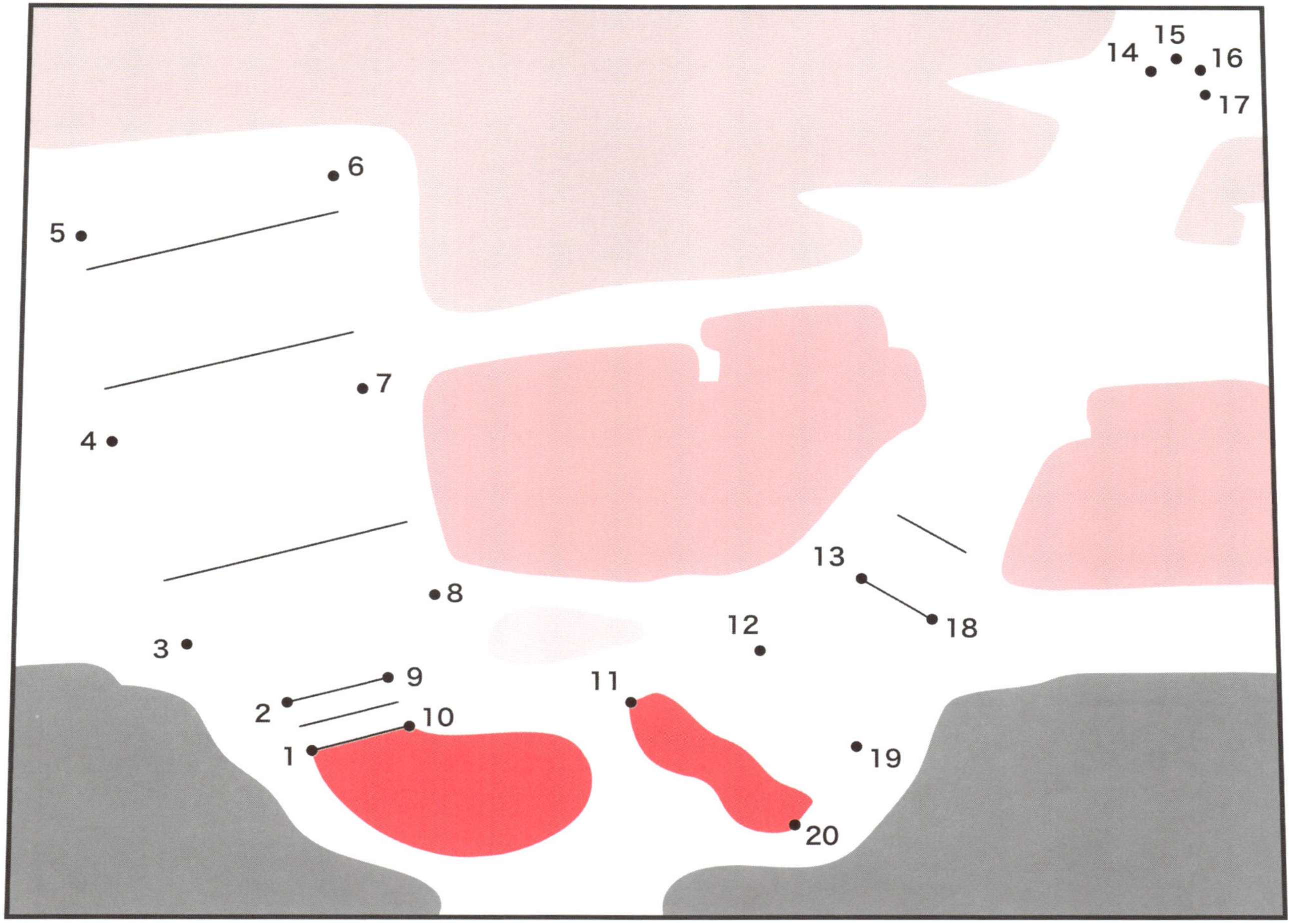

答《こた》えは次《つぎ》のページ

答《こた》え 23

1から20まで、点《てん》をじゅん番《ばん》に線《せん》でむすぼう

先生・保護者の方へ

線を結ぶと絵が現れる問題。数字と、線の先を見とおしながら書く力をやしないます。

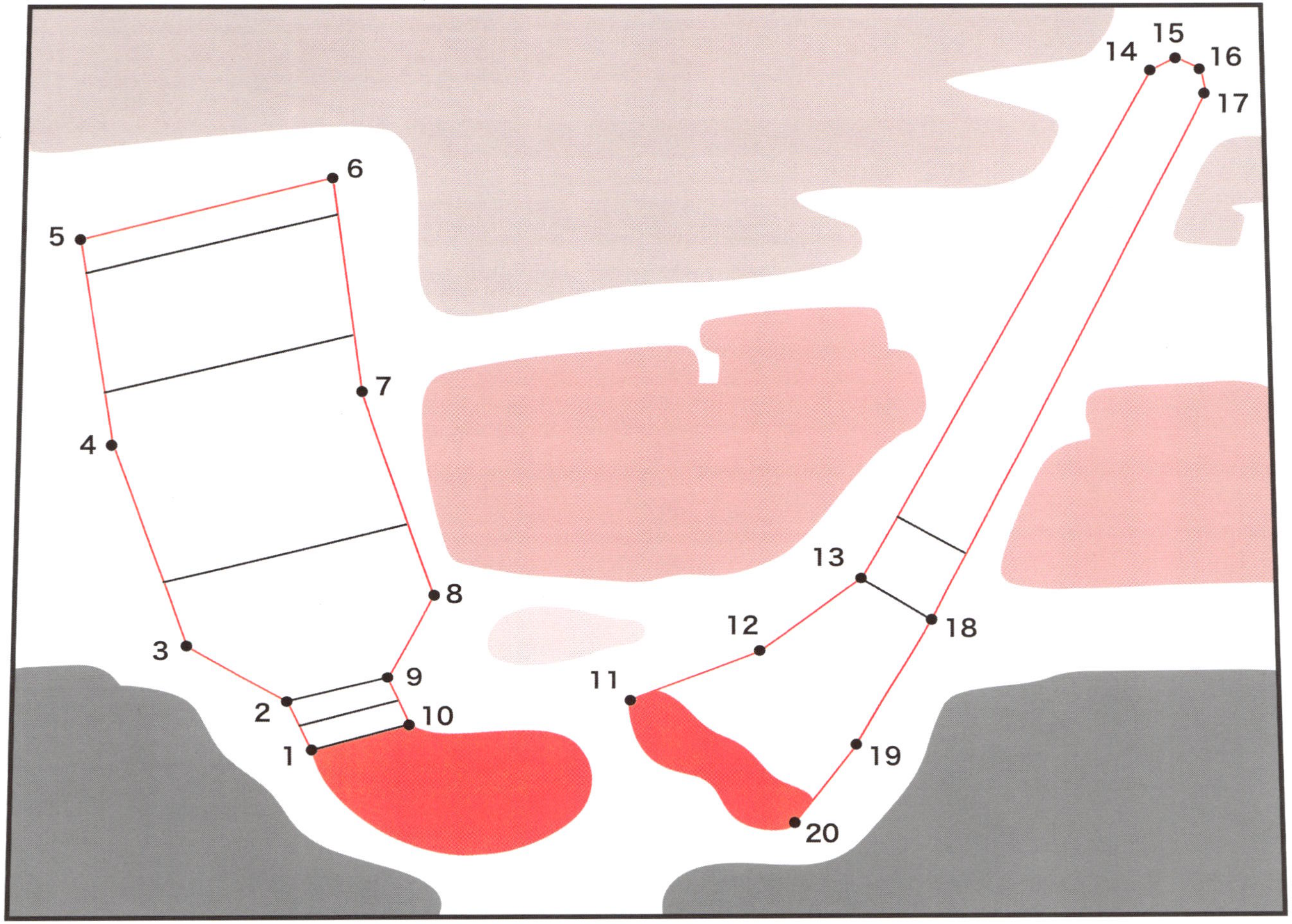

えのぐとふで

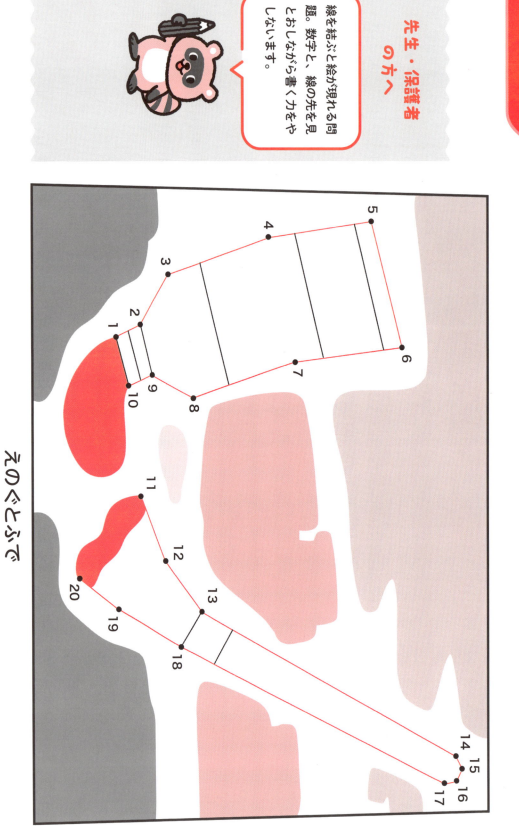

問《もん》題《だい》 24

1から19まで、1つとびに線《せん》でむすぼう

1のつぎは
3、5…と
数字《すうじ》をさがして
線《せん》でむすぼう。

答《こた》えは次《つぎ》のページ

答《こた》え 24

1から19まで、1つとびに線《せん》でむすぼう

先生・保護者の方へ

問題23のレベルアップ編です。1つ数字をとばすことで、より認知活動が必要とされます。同時に見る力をやしなう、複合的な問題です。

問《もん》題《だい》 25

20から1まで、じゅん番《ばん》に線《せん》でむすぼう

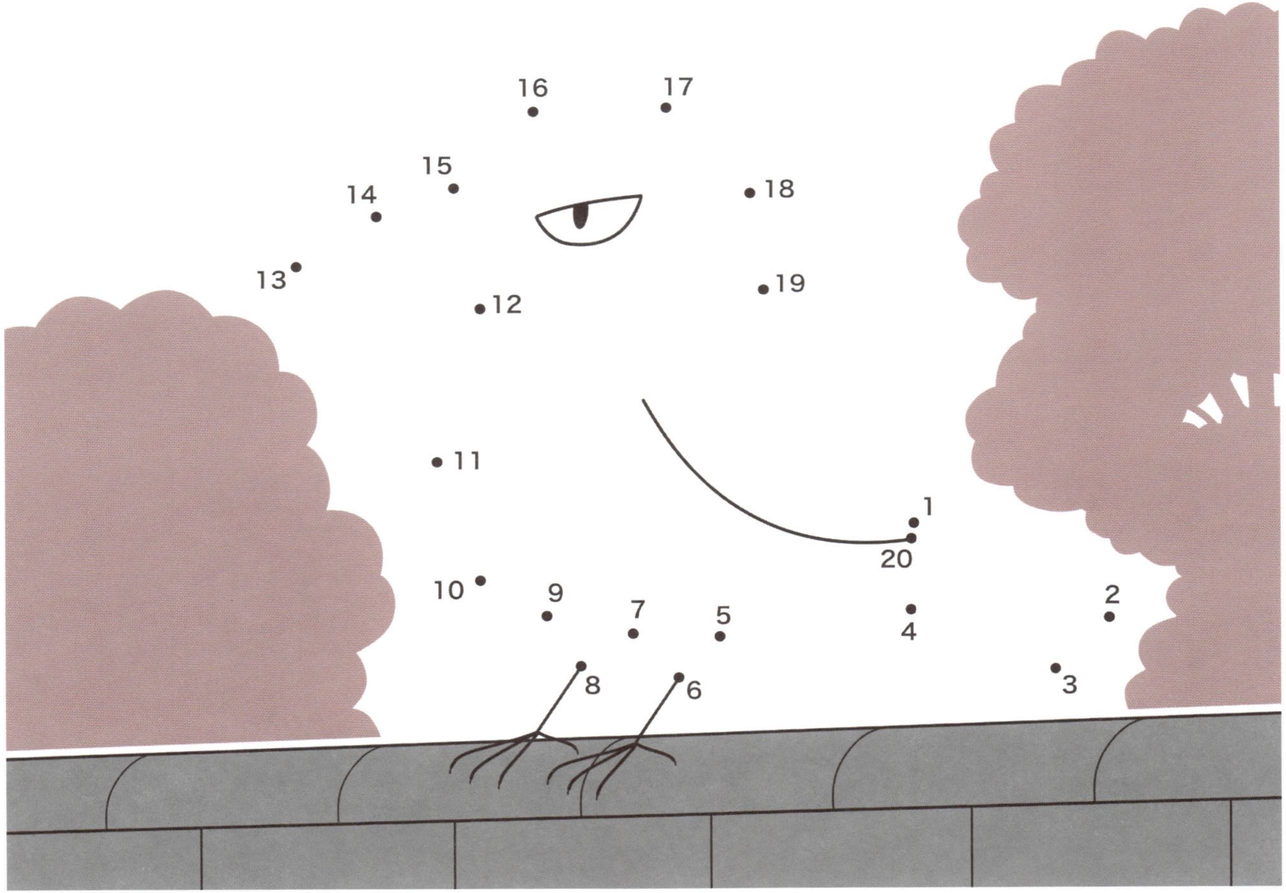
1
2
3
4
5
6
7
8
9
10
11
12
13
14
15
16
17
18
19
20

数字《すうじ》のじゅん番《ばん》を
まちがえないように、
とりくみましょう。

答《こた》えは次《つぎ》のページ

答《こた》え 25

20から1まで、じゅん番《ばん》に線《せん》でむすぼう

先生・保護者の方へ

数字を逆唱しながら目で数字をとらえて、指先を使う問題です。

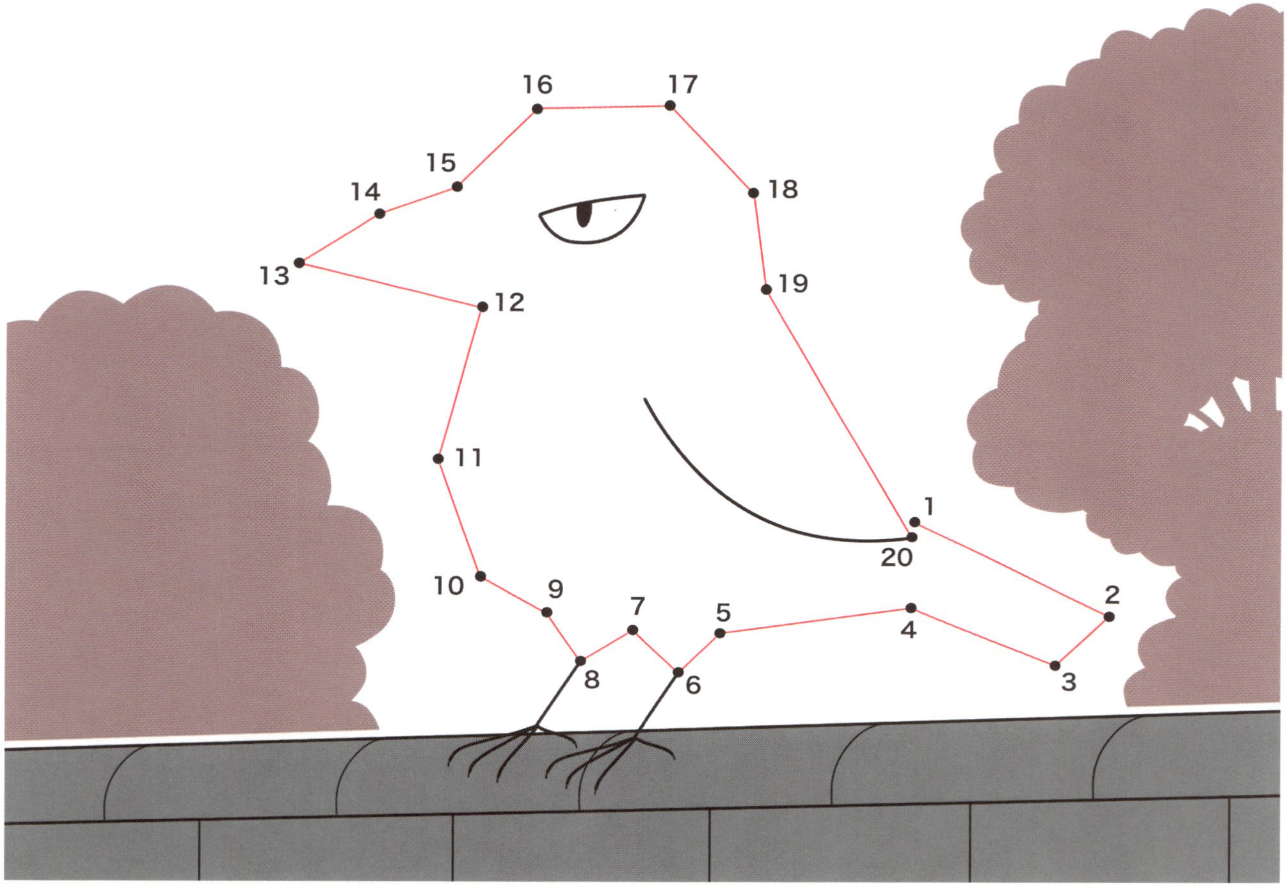

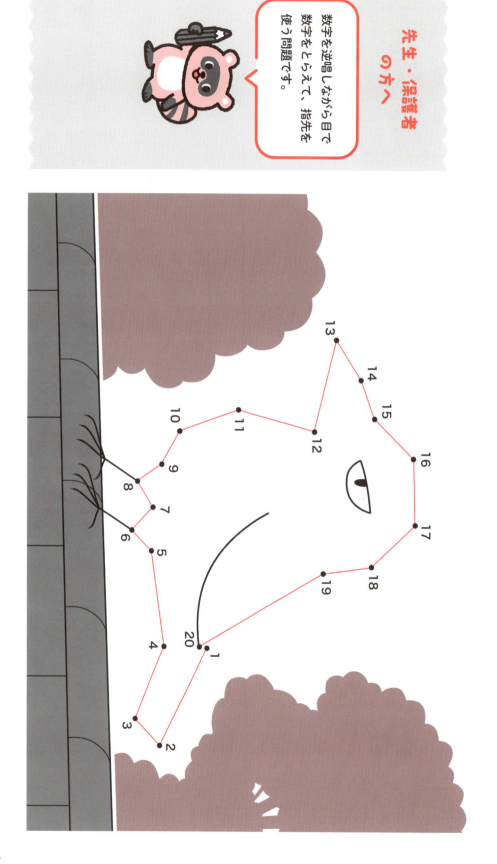

問《もん》題《だい》 26

スタートからゴールまで、1本《ぽん》の線《せん》をひこう①

いそがずゆっくり、
まわりを見《み》ながら
やってみましょう。

答《こた》えは次《つぎ》のページ

答《こた》え 26

スタートからゴールまで、1本《ぽん》の線《せん》をひこう①

先生・保護者の方へ

迷路の問題です。筆の進む前方を見る力をやしないます。

問《もん》題《だい》 27

スタートからゴールまで、1本《ぽん》の線《せん》をひこう②

スタート
ゴール

いそがずゆっくり、
まわりも見《み》ながら
かきましょう。

答《こた》えは次《つぎ》のページ

答《こた》え 27

スタートからゴールまで、1本《ぽん》の線《せん》をひこう②

先生・保護者の方へ

問題 26 のレベルアップ編です。前方を見る力をさらにやしなう問題です。

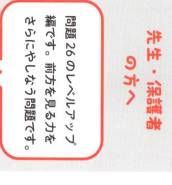

問《もん》題《だい》 28

いろいろな大《おお》きさの正方形《せいほうけい》を、3つかこう

こんなふうにやろう

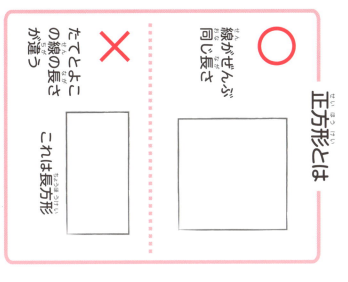

正方形《せいほうけい》とは

○

線《せん》がぜんぶ同《おな》じ長《なが》さ

×

たてとよこの線《せん》の長《なが》さが違《ちが》う

これは長方形《ちょうほうけい》

正方形《せいほうけい》は、同《おな》じ長《なが》さの線《せん》で、できているよ。角《かど》がまるくならないように、気《き》をつけよう。

答《こた》えは次《つぎ》のページ

答《こた》え 28

いろいろな大《おお》きさの正方形《せいほうけい》を、3つかこう

（例）

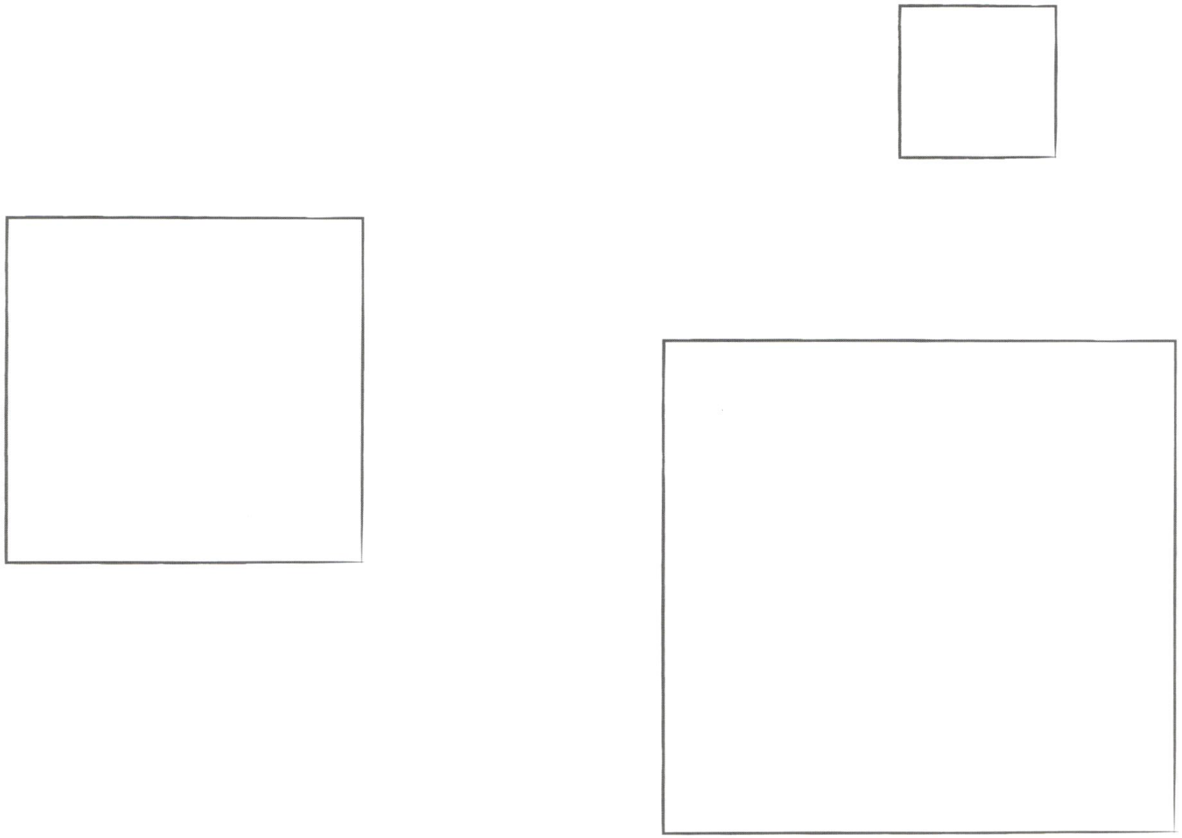

先生・保護者の方へ

正方形の認知をやしなうことは、マスにかいたり、字形を考えたりするときに必要です。直角が書けない場合は、折り紙を当てるなどして確認しながら、感覚をやしないます。

問《もん》題《だい》 29

線《せん》を足《た》して、正方形《せいほうけい》にしよう①

こんなふうにやろう

正方形《せいほうけい》は、同《おな》じ長《なが》さの線《せん》で、できているよ。角《かど》がまるくならないように、気《き》をつけよう。

答《こた》えは次《つぎ》のページ

答《こた》え 29

線《せん》を足《た》して、正方形《せいほうけい》にしよう①

先生・保護者の方へ

基準線を見ながら、直角で、同じ長さになるように書かなければなりません。

・問題の黒い線を答えではグレーで示しています

問《もん》題《だい》 30

線《せん》を足《た》して、正方形《せいほうけい》にしよう②

こんなふうにやろう

正方形《せいほうけい》は、同《おな》じ長《なが》さの線《せん》で、できているよ。角《かど》がまるくならないように、気《き》をつけよう。

答《こた》えは次《つぎ》のページ

答《こた》え 30

線《せん》を足《た》して、正方形《せいほうけい》にしよう②

先生・保護者の方へ

問題29のレベルアップ編です。基準線を見ながら、直角で、同じ長さになるように書かなければなりません。斜めの線を見るのが難しい場合は、紙（本）を傾けてやりやすい位置にするところから始めます。

・問題の黒い線を答えではグレーで示しています

問《もん》題《だい》 31

同《おな》じ長《なが》さの線《せん》をかいて「+《プラス》」にしよう

こんなふうに やろう

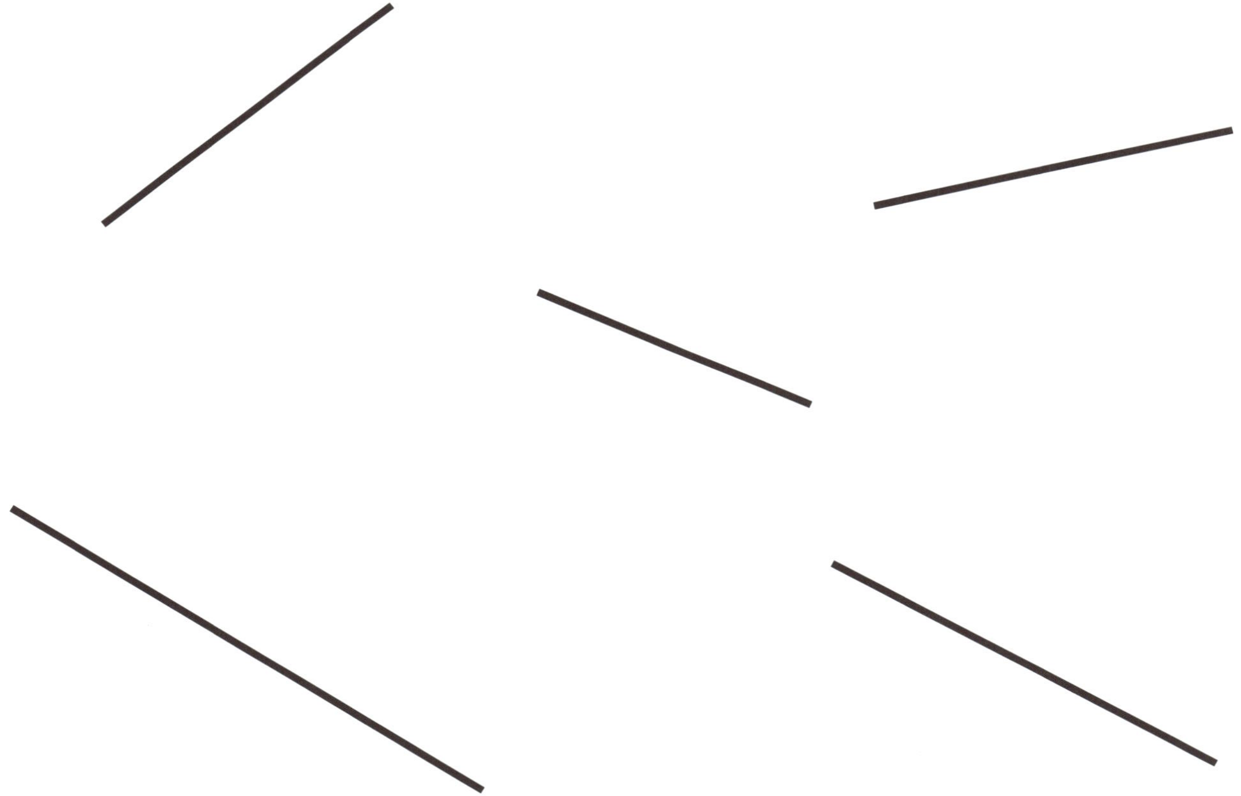

線《せん》のむきに気《き》をつけて「+《プラス》」になるように線《せん》をかこう。紙《かみ》（本《ほん》）をうごかさないでチャレンジしてみよう。

答《こた》えは次《つぎ》のページ

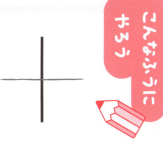

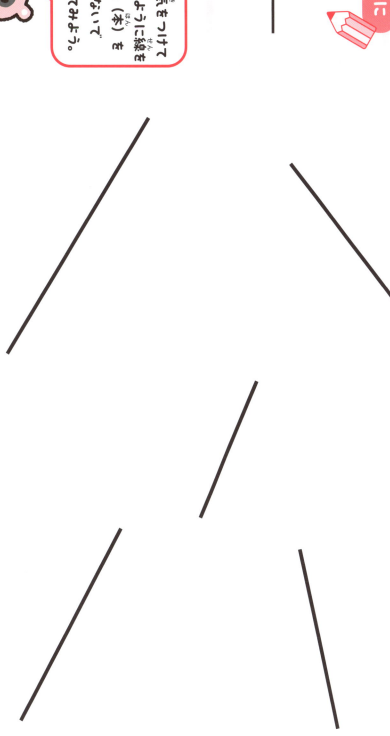

答《こた》え 31

同《おな》じ長《なが》さの線《せん》をかいて「+《プラス》」にしよう

先生・保護者の方へ

直角が作れない時は、折り紙の角を当てるなどして、理解をうながします。難しい場合は、紙（本）を傾けてやりやすい位置にするところから始めます。

・問題の黒い線を答えではグレーで示しています

問題《もんだい》 32

正方形《せいほうけい》の中《なか》に、「+《プラス》」の線《せん》をかこう

こんなふうにやろう

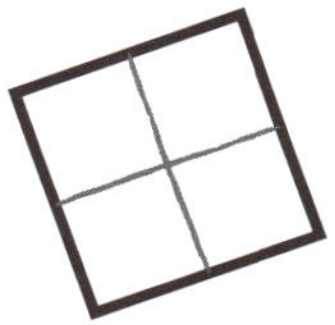

「こんなふうにやろう」のように、いろいろなむきの正方形《せいほうけい》の中《なか》に「+《プラス》」の線《せん》をかいてみよう。ななめ線《せん》ではないので気《き》をつけよう。

答《こた》えは次《つぎ》のページ

答《こた》え 32

正方形《せいほうけい》の中《なか》に、「+《プラス》」の線《せん》をかこう

先生・保護者の方へ

マスの中にバランスよく書くことにつながります。難しい場合は、紙（本）を傾けてやりやすい位置にしてから始めます。

・問題の黒い線を答えではグレーで示しています

問《もん》題《だい》 33

正方形《せいほうけい》の角《かど》と角《かど》を、線《せん》でむすぼう

こんなふうにやろう

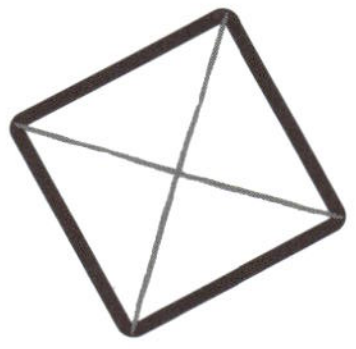

線《せん》がまがらないように、四角《しかく》の中《なか》にななめの線《せん》をかくよ。紙《かみ》（本《ほん》）はうごかさないでやってみよう。

答《こた》えは次《つぎ》のページ

答《こた》え 33

正方形《せいほうけい》の角《かど》と角《かど》を、線《せん》でむすぼう

先生・保護者の方へ

問題 30 のレベルアップ編です。いろいろな向きの四角形に合わせて対角線を書きます。できない場合は、紙（本）を斜めにずらして書きやすくするところから始めましょう。

・問題の黒い線を答えではグレーで示しています

問《もん》題《だい》
34

ななめの線《せん》にあわせて、正方形《せいほうけい》をかこう

こんなふうにやろう

線《せん》のむきが、
かわったよ。
同《おな》じように、
できるかな。

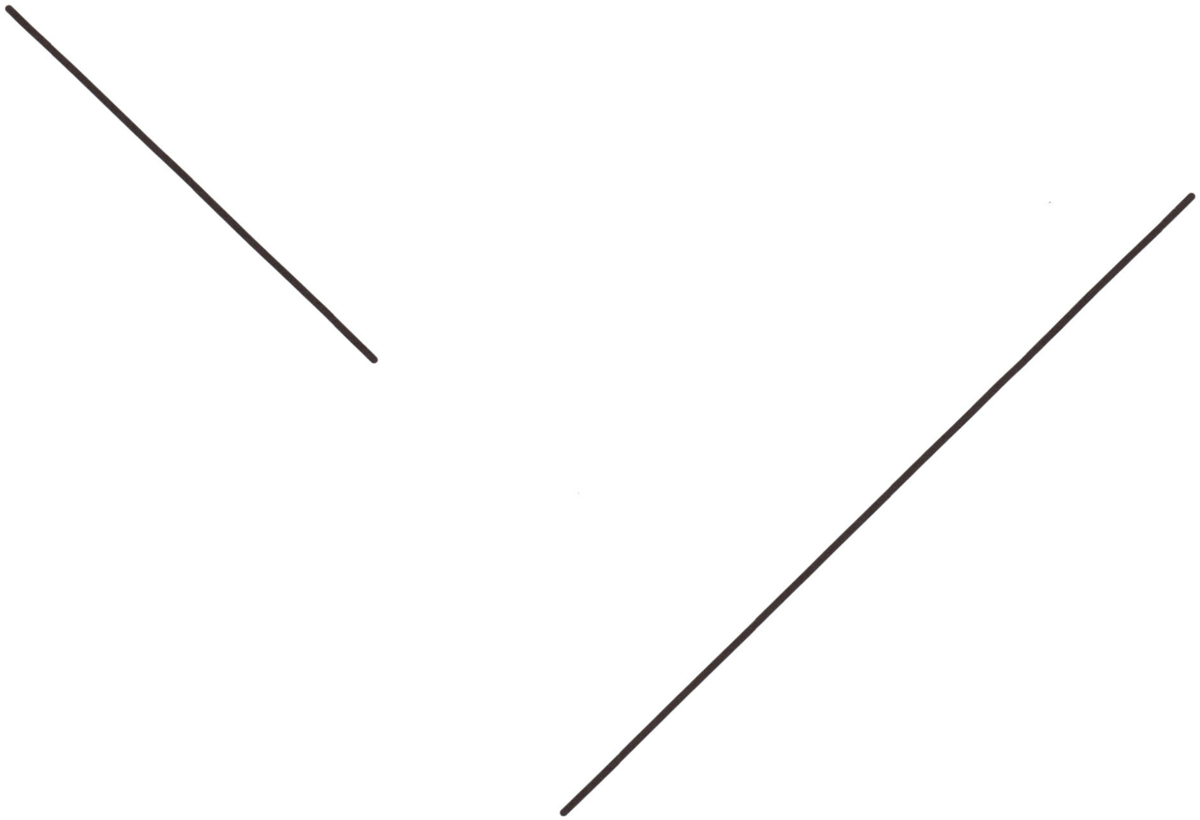

答《こた》えは次《つぎ》のページ

答《こた》え 34

ななめの線《せん》にあわせて、正方形《せいほうけい》をかこう

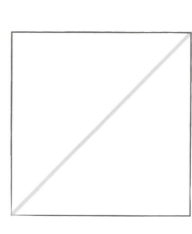

先生・保護者の方へ

線の向きがかわります。できない場合は対角線が書かれたところから始めてみましょう。

・問題の黒い線を答えではグレーで示しています

問《もん》題《だい》 35

だ円《えん》が半分《はんぶん》になるように、線《せん》をかこう

こんなふうにやろう

細長《ほそなが》い丸《まる》のはしとはしを通《とお》る線《せん》をひいて、半分《はんぶん》にわけてみよう。

答《こた》えは次《つぎ》のページ

答《こた》え 35

だ円《えん》が半分《はんぶん》になるように、線《せん》をかこう

先生・保護者の方へ

だ円の形をつかむことは、0や6、9などの数字や、ひらがなの「つ」「ゆ」「わ」「め」などを書く準備になります。難しい場合は、紙（本）を傾けてやりやすい位置にするところから始めます。

・問題の黒い線を答えではグレーで示しています

問《もん》題《だい》 36

だ円《えん》のはしに、「●」しるしを2つかこう

こんなふうにやろう

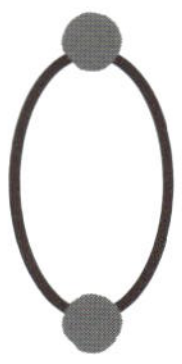

細長《ほそなが》い丸《まる》のはしとはしに、点《てん》をかいてみよう。

答《こた》えは次《つぎ》のページ

答《こた》え 36

だ円《えん》のはしに、「●」しるしを2つかこう

先生・保護者の方へ

点を書くことでだ円の形をさらによくとらえられるようになります。

・問題の黒い線を答えではグレーで示しています

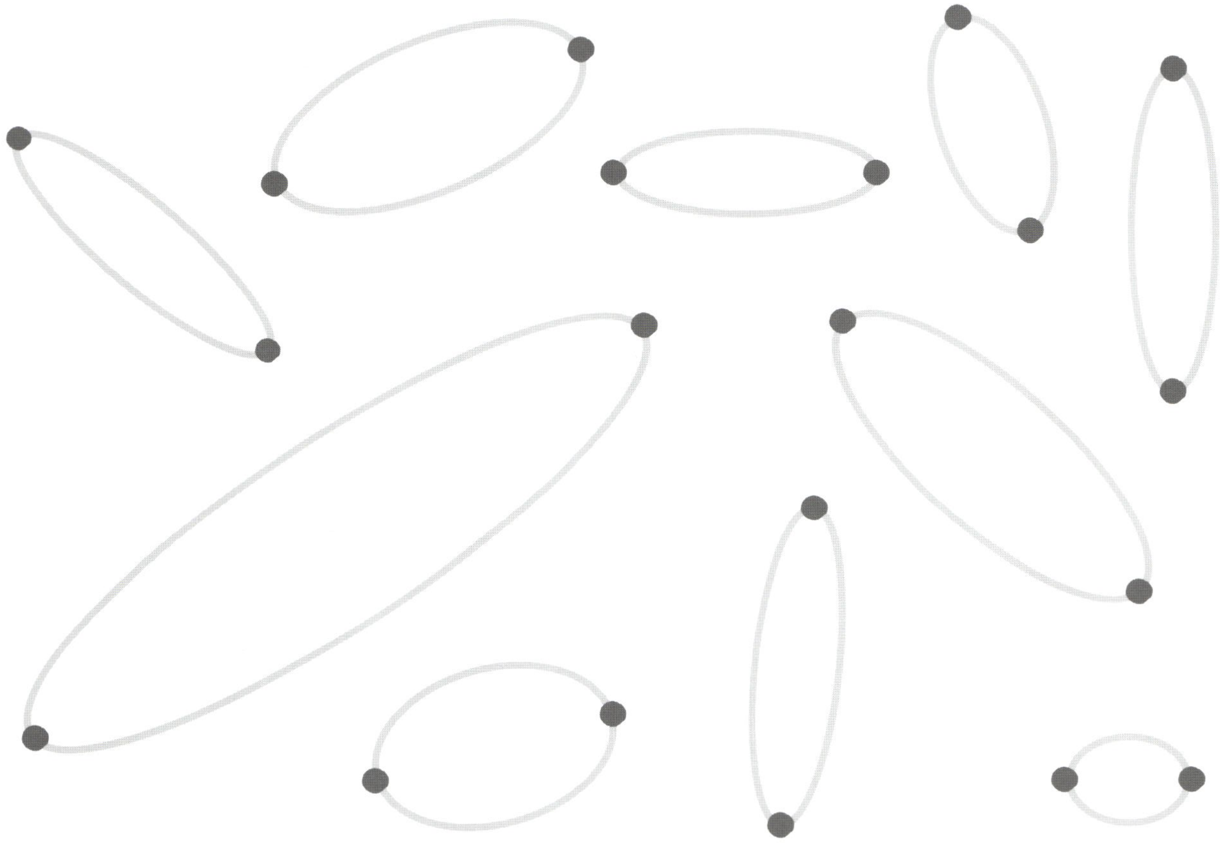

問《もん》題《だい》 37

体《からだ》の中心《ちゅうしん》に、線《せん》をかこう

こんなふうにやろう

体《からだ》のむきがばらばらだよ。頭《あたま》はどこかな？よく見《み》て体《からだ》の中心《ちゅうしん》を通《とお》る線《せん》をかこう。

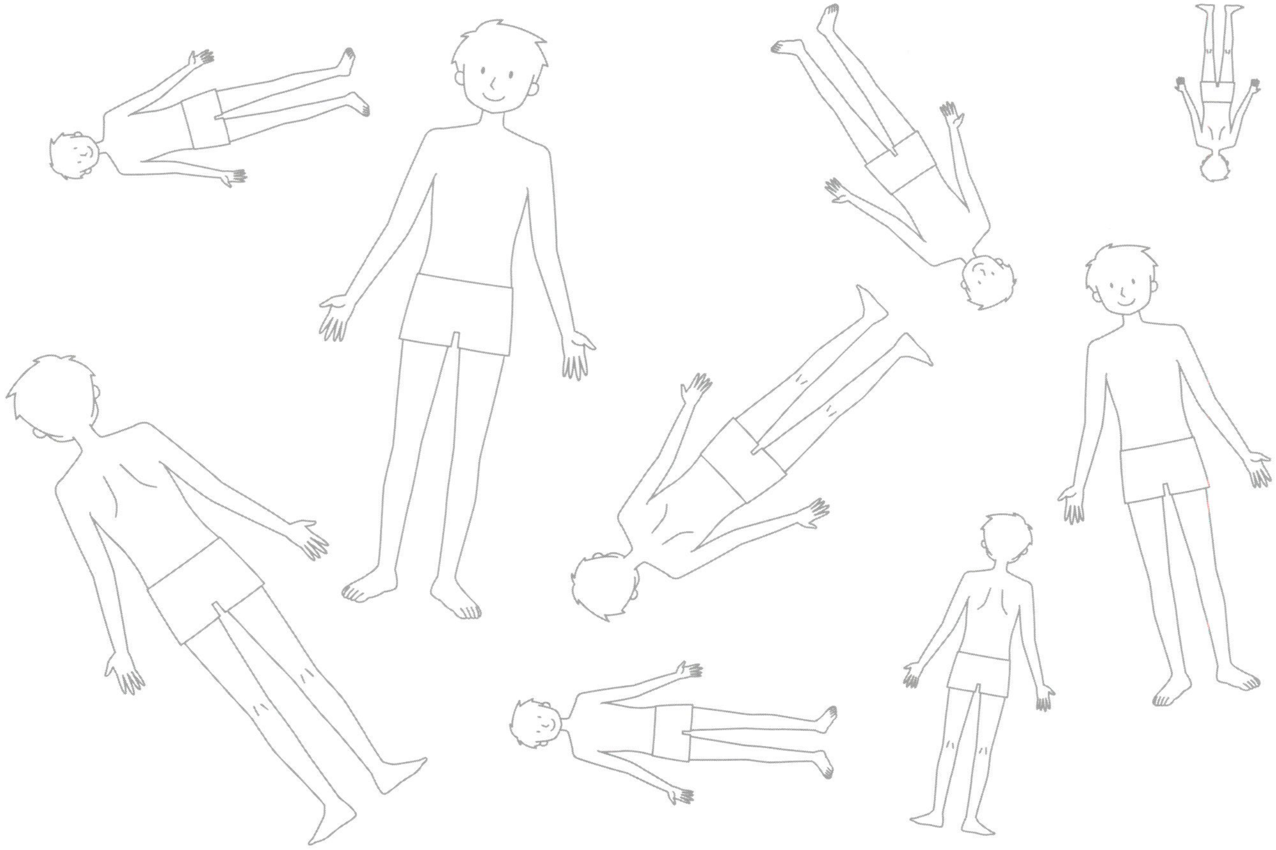

答《こた》えは次《つぎ》のページ

答《こた》え 37

体《からだ》の中心《ちゅうしん》に、線《せん》をかこう

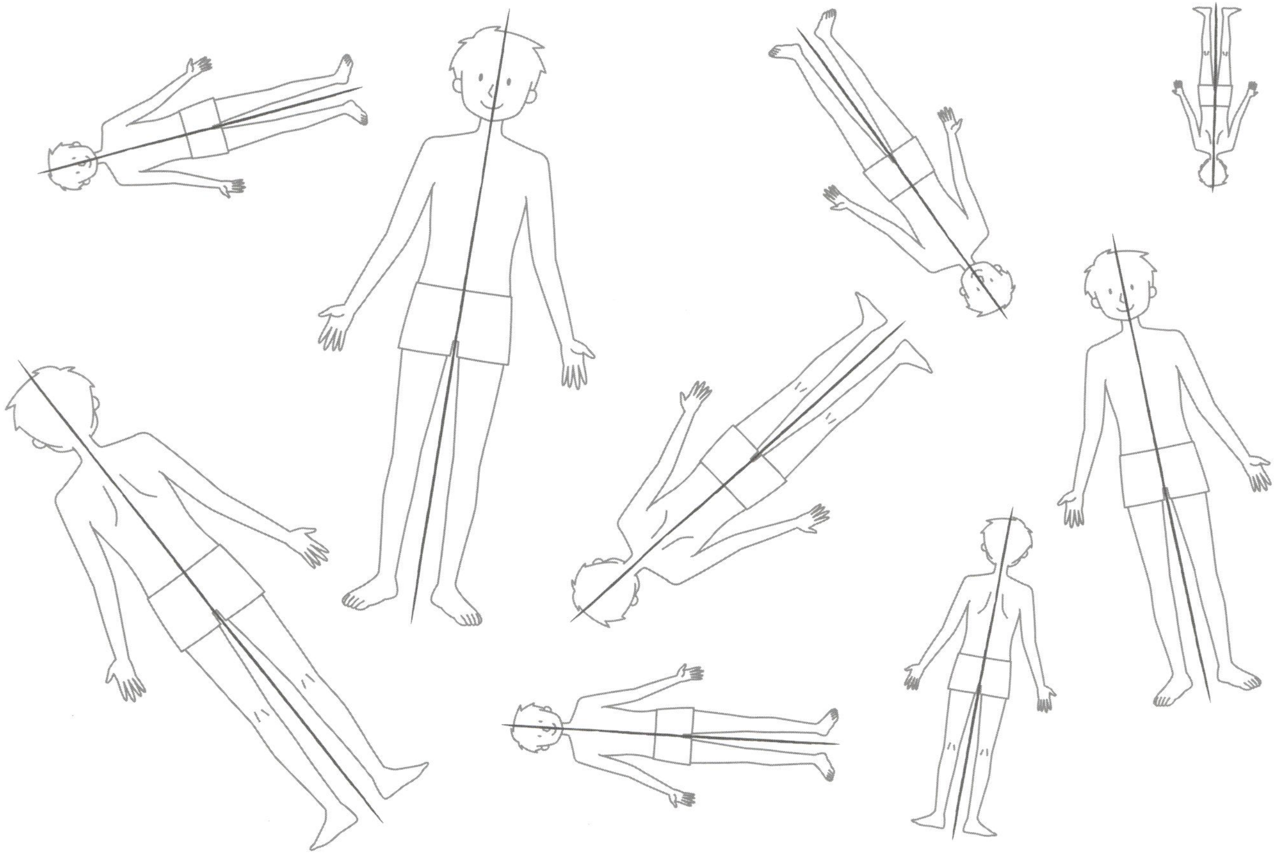

先生・保護者の方へ

左右の概念の理解につながります。難しい場合は、紙（本）を傾けて、わかりやすい位置にするところから始めます。

問題《もんだい》 38

正方形《せいほうけい》をふやして、大《おお》きな正方形《せいほうけい》や長方形《ちょうほうけい》をつくろう

こんなふうにやろう

四角《しかく》どうしをくっつけてかくといいよ。

9つ
正方形《せいほうけい》をつくろう

4つ
正方形《せいほうけい》をつくろう

2つ
長方形《ちょうほうけい》をつくろう

問題《もんだい》28（47ページ）に正方形《せいほうけい》と長方形《ちょうほうけい》のせつめいがあるよ。

答《こた》えは次《つぎ》のページ

答《こた》え 38

正方形《せいほうけい》をふやして、大《おお》きな正方形《せいほうけい》や長方形《ちょうほうけい》をつくろう

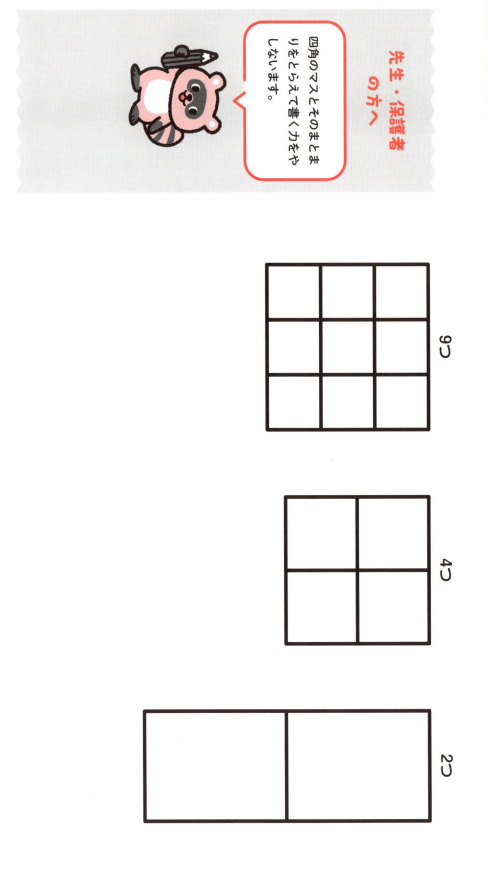

先生・保護者の方へ

四角のマスとそのまとまりをとらえて書く力をやしないます。

9つ

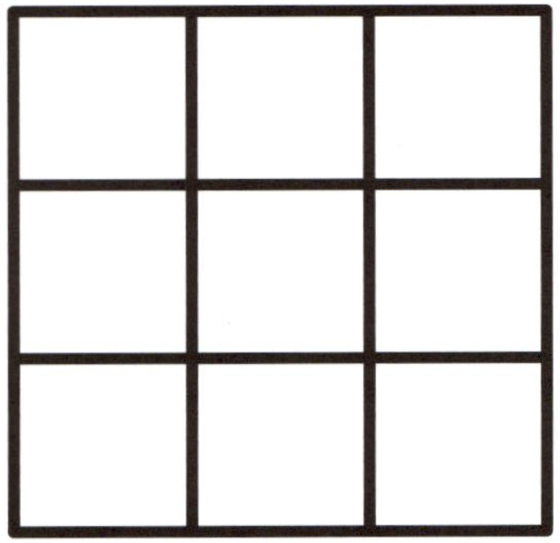

4つ

2つ

問《もん》題《だい》 39

丸《まる》をひとしくわけたり、扇型《おうぎがた》から丸《まる》をつくったりしよう

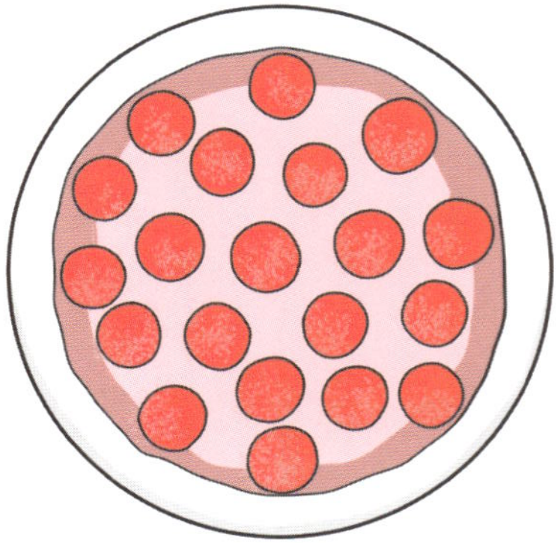

4つにわけよう

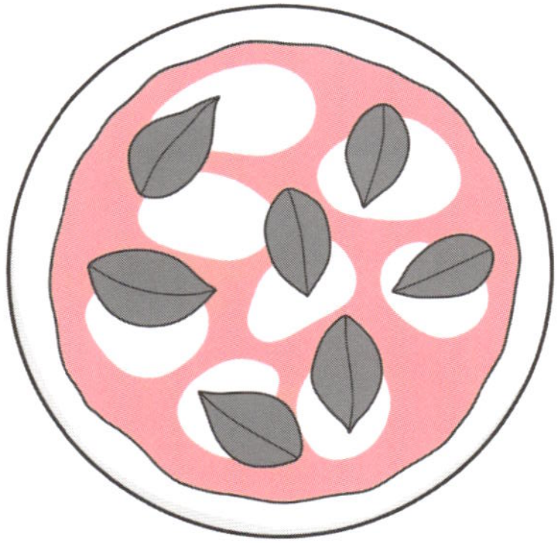

3つにわけよう

元《もと》のピザの形《かたち》をかこう

答《こた》えは次《つぎ》のページ

答《こた》え 39

丸《まる》をひとしくわけたり、扇型《おうぎがた》から丸《まる》をつくったりしよう

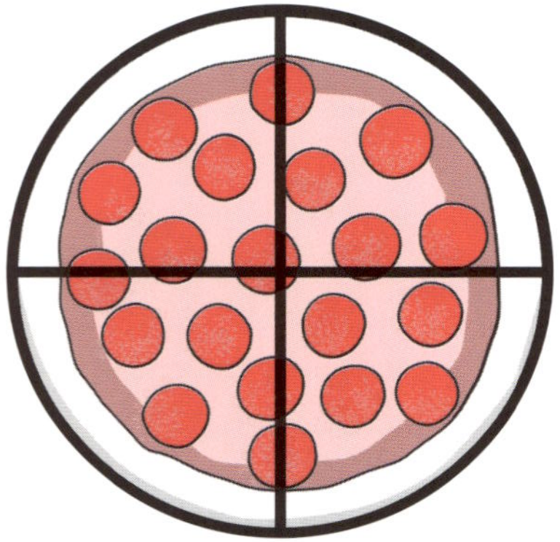

先生・保護者の方へ

丸形の図形の認知力を高める課題です。

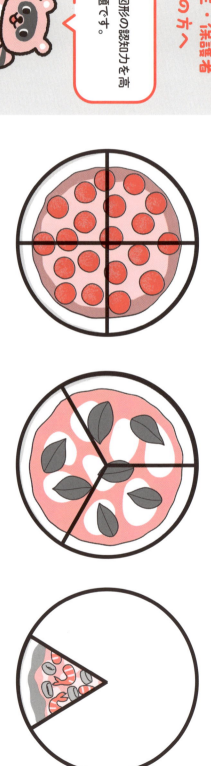

問題《もんだい》 40

正方形《せいほうけい》が半分《はんぶん》になるように、たて線《せん》をかこう

こんなふうにやろう

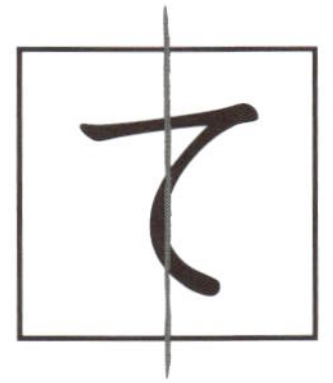

わ　9　つ　2　シ　ん　セ

マスが半分《はんぶん》になる線《せん》をかこう。字《じ》だけを見《み》ないように気《き》をつけてね。

答《こた》えは次《つぎ》のページ

答《こた》え 40

正方形《せいほうけい》が半分《はんぶん》になるように、たて線《せん》をかこう

先生・保護者の方へ

字体の半分ではなく、正方形の半分に線を書きます。字体の構成、位置関係の理解につながります。

・問題の黒い線を答えではグレーで示しています

問題《もんだい》 41

ひらがなを正方形《せいほうけい》でかこもう

こんなふうにやろう

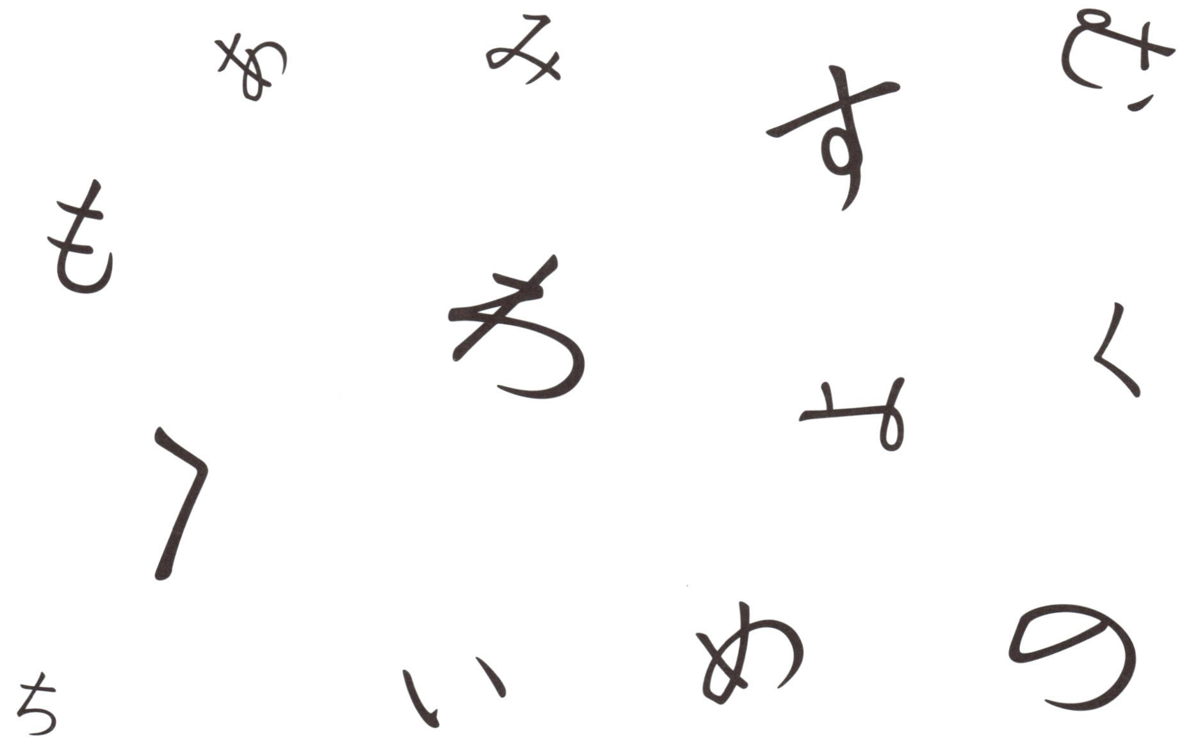

文字《もじ》のむきをよく見《み》て、正方形《せいほうけい》をかこう。

答《こた》えは次《つぎ》のページ

答《こた》え 41

ひらがなを正方形《せいほうけい》でかこもう

先生・保護者の方へ

字形の位置関係の理解と、マスの中にバランスよく書くことにつながります。難しい場合は、紙（本）を傾けて、やりやすい位置にするところから始めます。

・問題の黒い線を答えではグレーで示しています

問《もん》題《だい》 42

カタカナを正方形《せいほうけい》でかこもう

こんなふうにやろう

ケ

文字《もじ》の大《おお》きさとむきをよく見《み》て正方形《せいほうけい》をかいてね。

答《こた》えは次《つぎ》のページ

答《こた》え 42

カタカナを正方形《せいほうけい》でかこもう

先生・保護者の方へ

字形の位置関係の理解と、マスの中にバランスよく書くことにつながります。難しい場合は、紙（本）を傾けて、やりやすい位置にするところから始めます。

・問題の黒い線を答えではグレーで示しています

問《もん》題《だい》 43

字《じ》をかくときのさいしょの場《ば》しょに、点《てん》をかこう

こんなふうにやろう

け ▶ ・

マスのどのへんに点《てん》をおけばいいかな。よく見《み》てかこう。

あ ▶ □　　ね ▶ □

カ ▶ □　　ミ ▶ □

6 ▶ □　　10 ▶ □

答《こた》えは次《つぎ》のページ

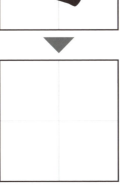

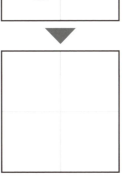

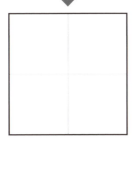

答《こた》え 43

字《じ》をかくときのさいしょの場《ば》しょに、点《てん》をかこう

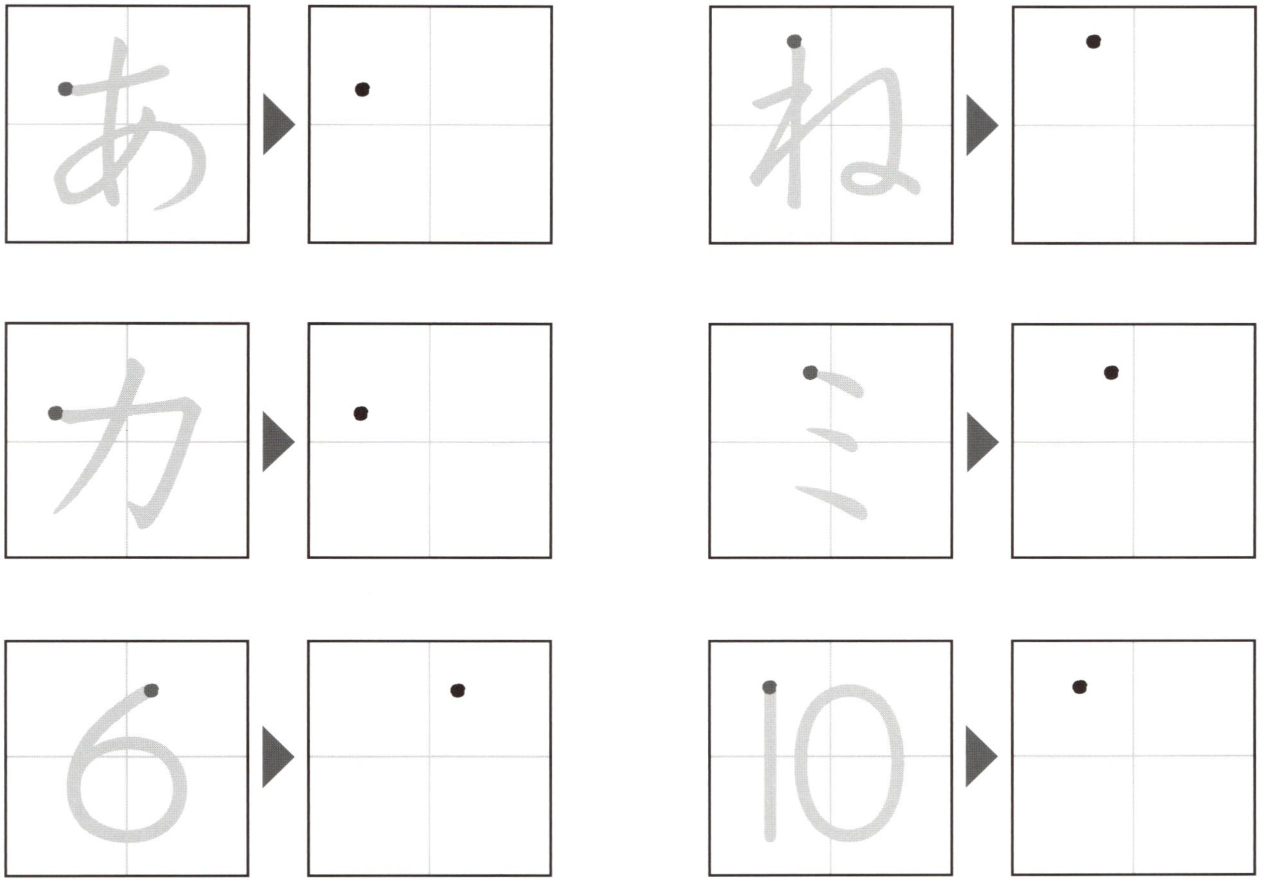

先生・保護者の方へ

ひらがなを覚え始めた子ども向けのワークです。マスからはみでる、字体が悪いということを改善するために、始点を正方形のどこに書けばよいのかを練習します。難しい場合にはまずマスに十字を書き、位置を確認することから始めます。

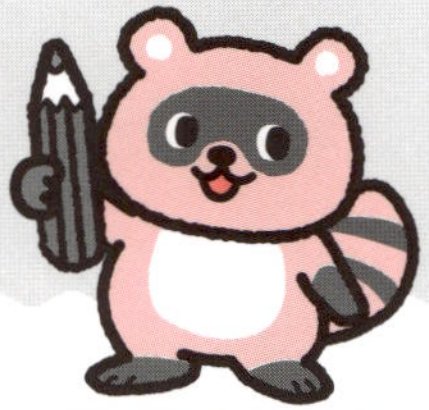

・問題の元の字を答えではグレーで示しています

問《もん》題《だい》 44

線《せん》の上《うえ》に、同《おな》じ大《おお》きさの丸《まる》を5つかこう

こんなふうにやろう

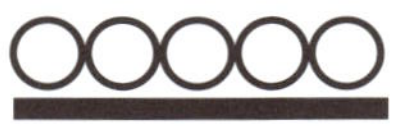

同《おな》じ大《おお》きさの丸《まる》をよこにはみださないようにかくよ。どのくらいの大《おお》きさにすればよいか、よく考《かんが》えてからかこう。

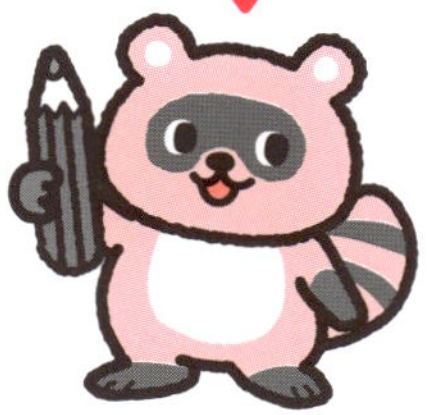

答《こた》えは次《つぎ》のページ

答《こた》え44

線《せん》の上《うえ》に、同《おな》じ大《おお》きさの丸《まる》を5つかこう

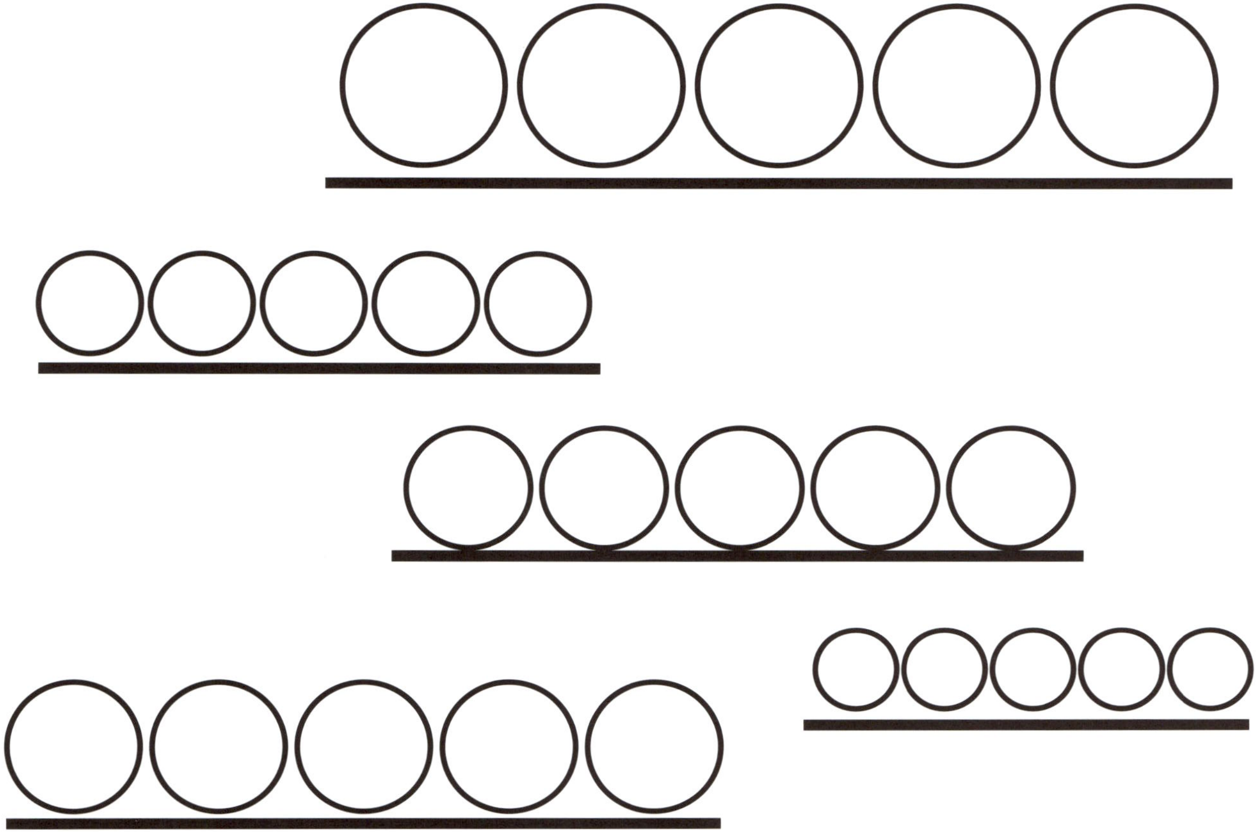

先生・保護者の方へ

スペースをみて、文字の大きさを考えることを身につけます。難しい場合は少ない数の丸から始めます。

問《もん》題《だい》 45

下《した》の線《せん》まで、つづきの丸《まる》をかこう

こんなふうにやろう

丸《まる》と丸《まる》の間《あいだ》を同《おな》じだけ空《あ》けることがポイントだよ。丸《まる》の大《おお》きさも同《おな》じにしよう。

答《こた》えは次《つぎ》のページ

答《こた》え 45

下《した》の線《せん》まで、つづきの丸《まる》をかこう

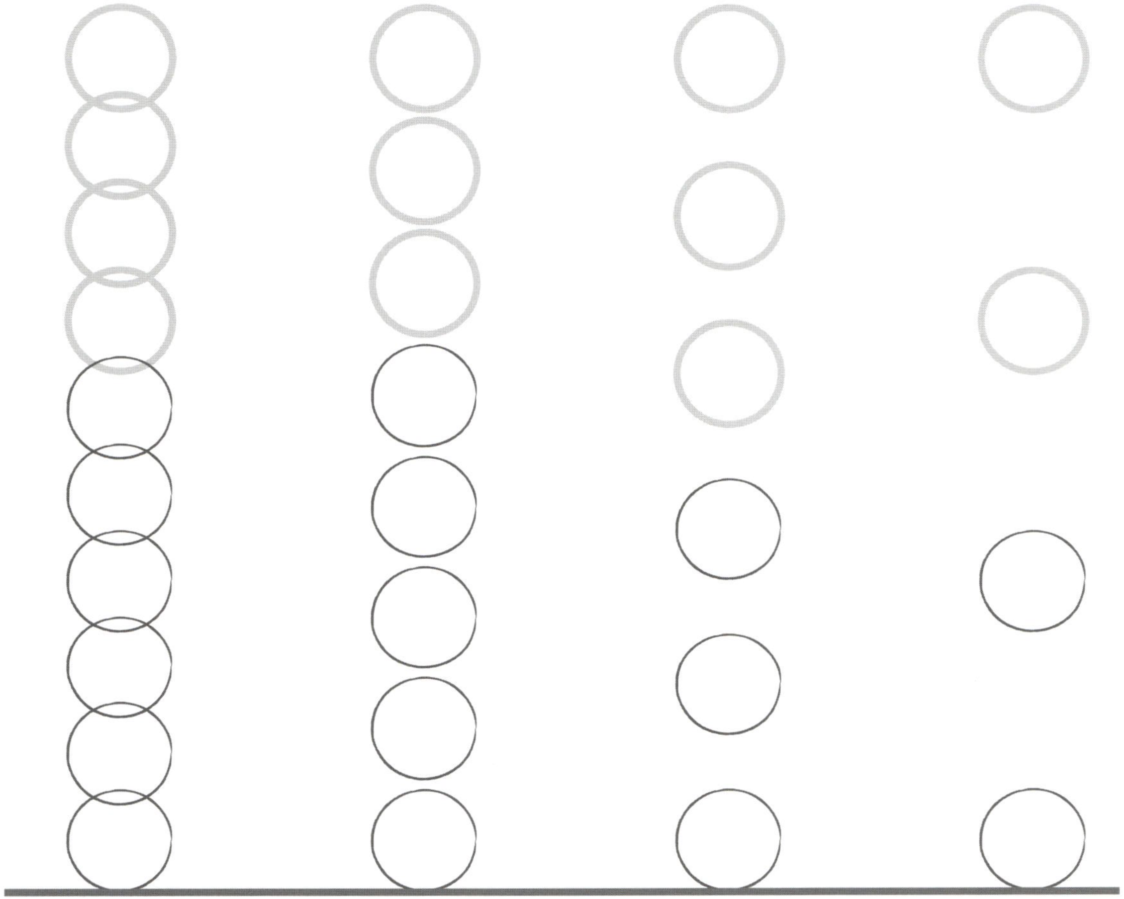

先生・保護者の方へ

距離感をはかりながら書くことで、字間を空ける感覚をやしないます。難しい場合は定規などで長さを確認して１つずつ書くことから始めます。

・問題の黒い線を答えではグレーで示しています

問題《もんだい》 46

長方形《ちょうほうけい》の中《なか》に正方形《せいほうけい》を 4 つつくろう

同《おな》じ大《おお》きさの
4つの正方形《せいほうけい》に
なるようにしよう。

答《こた》えは次《つぎ》のページ

答《こた》え 46

長方形《ちょうほうけい》の中《なか》に正方形《せいほうけい》を 4 つつくろう

先生・保護者の方へ

ワクの中に文字を均等に書くために、スペースをつかむ練習です。

・問題の黒い線を答えではグレーで示しています

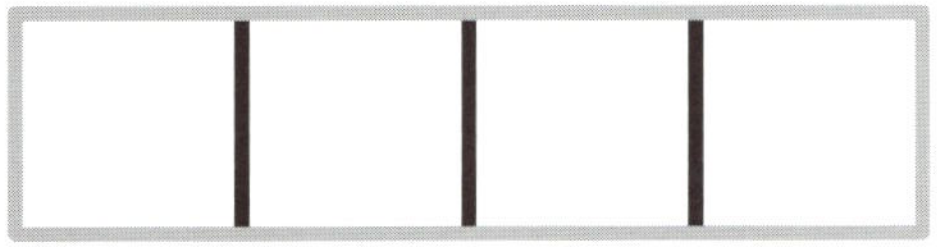

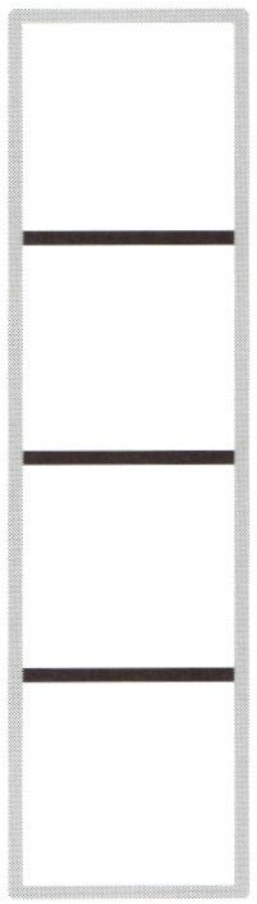

問題《もんだい》 47

長方形《ちょうほうけい》の中《なか》に、丸《まる》や三角形《さんかくけい》をかこう

こんなふうにやろう

同《おな》じ大《おお》きさのマークをかくようにしてみよう。

△と○を2回かく

○を5つ

○を3つ

答《こた》えは次《つぎ》のページ

答《こた》え 47

長方形《ちょうほうけい》の中《なか》に、丸《まる》や三角形《さんかくけい》をかこう

先生・保護者の方へ

ワクの中に文字を均等に書く力が身につきます。

・問題の黒い線を答えではグレーで示しています

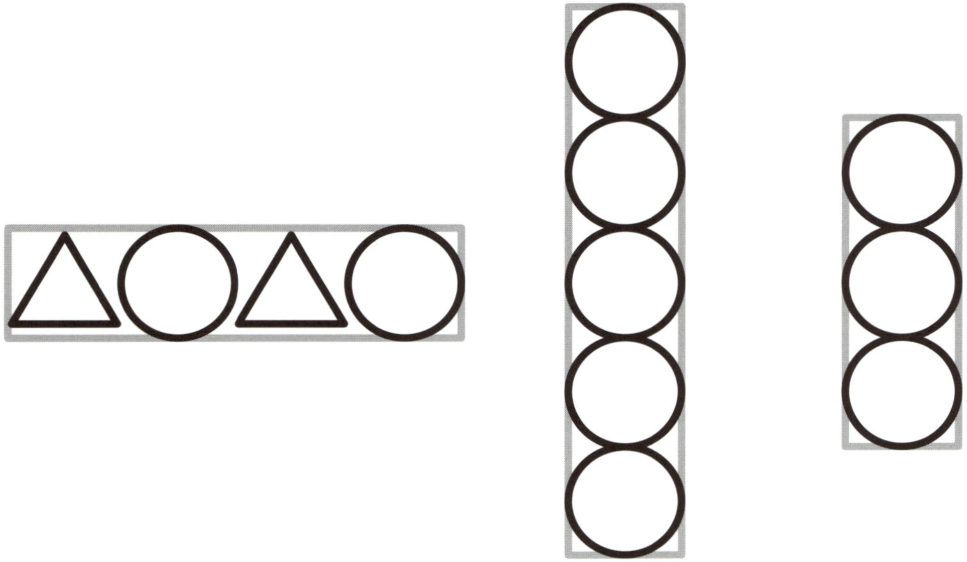

問《もん》題《だい》48 ことばをつくっている文《も》字《じ》に、マスをかこう

こんなふうにやろう

あひる

さくらんぼ
ハムスター
アイス
やきいも
ふくろう
コアラ
ライオン
にんじん

字《じ》をかこむように、マスをかいてみよう。

答《こた》えは次《つぎ》のページ

答《こた》え 48

ことばをつくっている文字《もじ》に、マスをかこう

さくらんぼ

ハムスター

アイス

やきいも

ふくろう

コアラ

ライオン

にんじん

先生・保護者の方へ

マスの中に字を書くのではなく、字をマスで囲むことで、字体の理解につながります。

問《もん》題《だい》 49

四角《しかく》の中《なか》と同《おな》じじゅん番《ばん》で、図形《ずけい》をかこう①

こんなふうにやろう

矢《や》じるしのむきが四角《しかく》の中《なか》とぎゃくになっているので、よく見《み》てかいてね。

答《こた》えは次《つぎ》のページ

答《こた》え 49

四角《しかく》の中《なか》と同《おな》じじゅん番《ばん》で、図形《ずけい》をかこう①

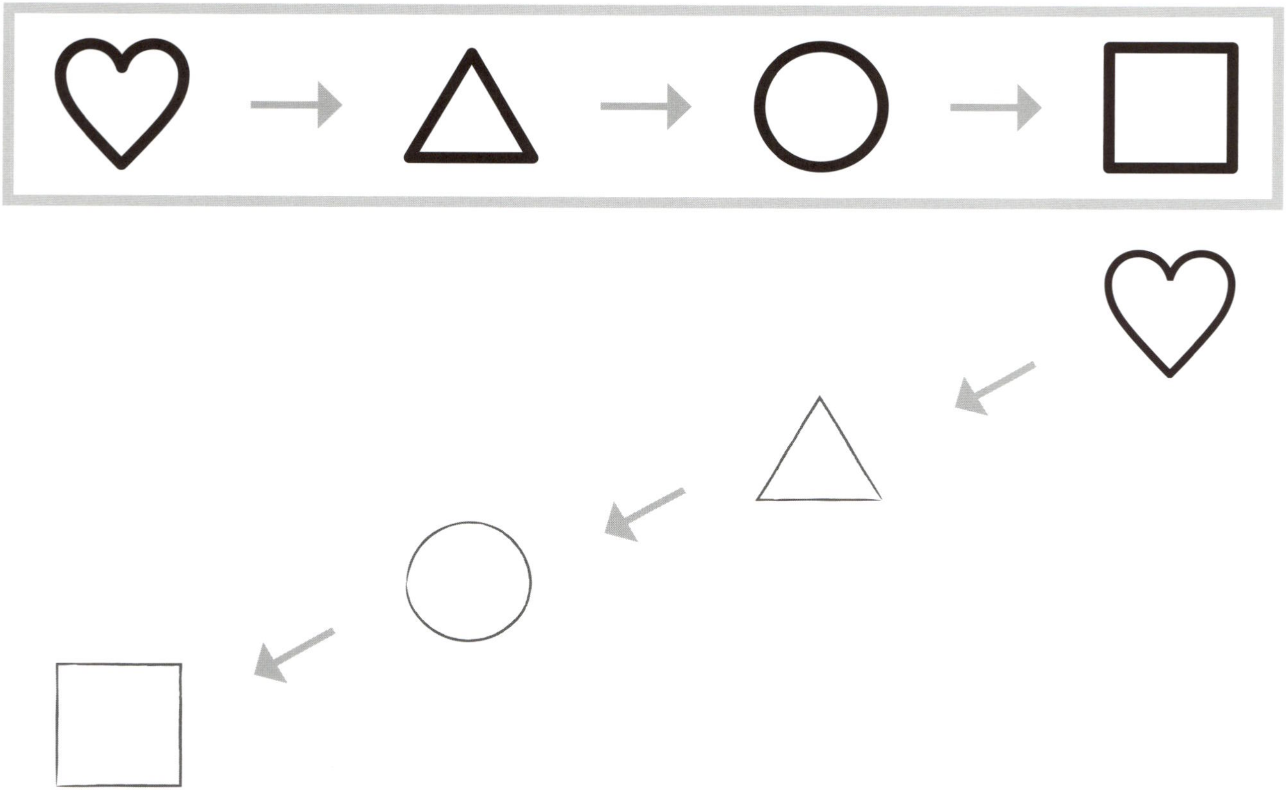

先生・保護者の方へ

左右の関係を理解して、並べること、注意して見ることが求められます。板書を見て、ノートに書くことなどにつながります。難しい場合は同じ向きのパターンから始めてみます。

問題《もんだい》 50 四角《しかく》の中《なか》と同《おな》じじゅん番《ばん》で、図形《ずけい》をかこう②

こんなふうにやろう

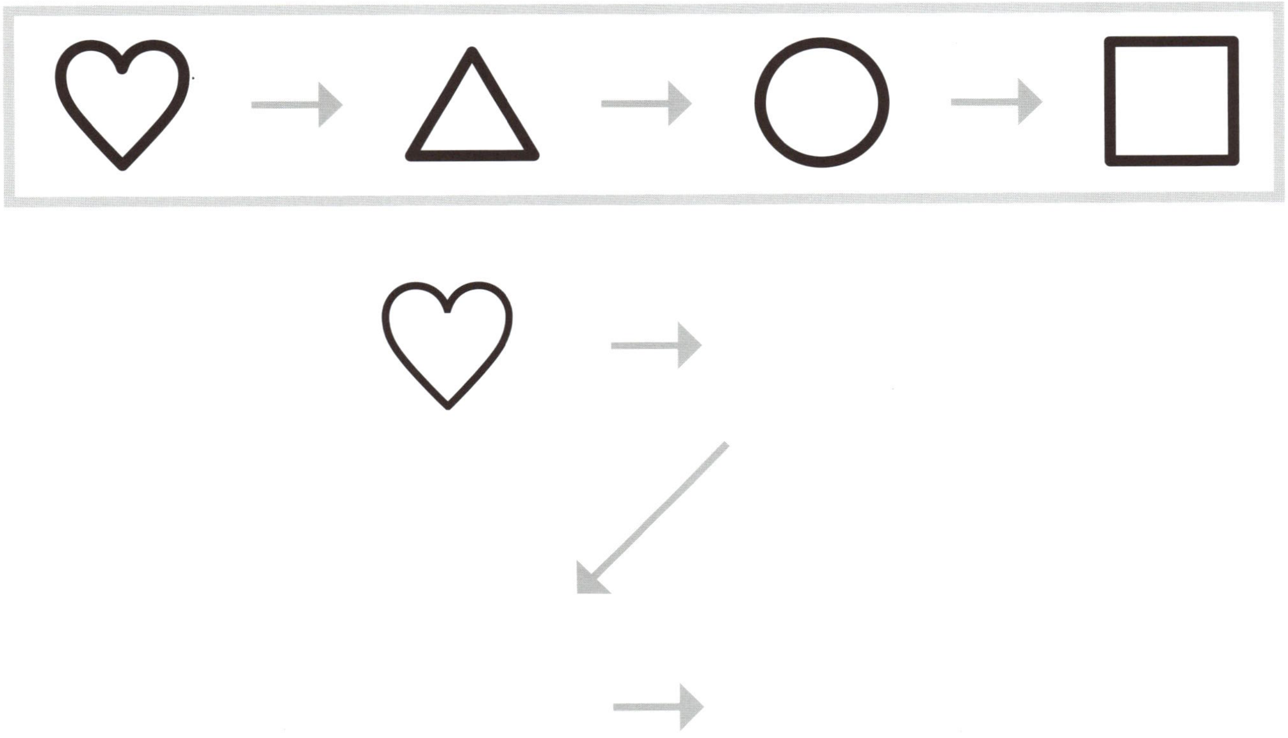

じゅん番《ばん》をまちがえないようによく見《み》てかこう。

答《こた》えは次《つぎ》のページ

答《こた》え 50 四角《しかく》の中《なか》と同《おな》じじゅん番《ばん》で、図形《ずけい》をかこう②

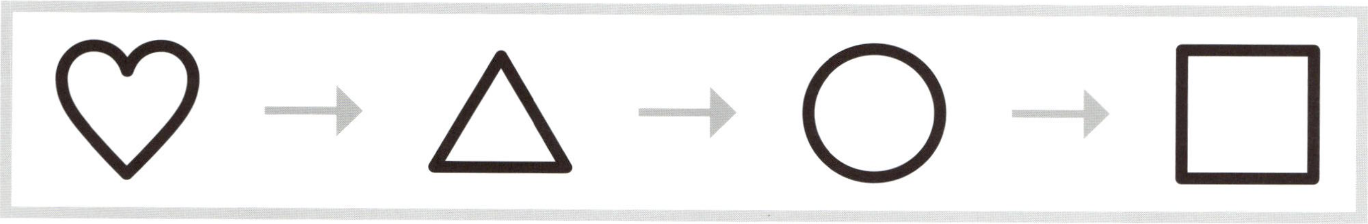

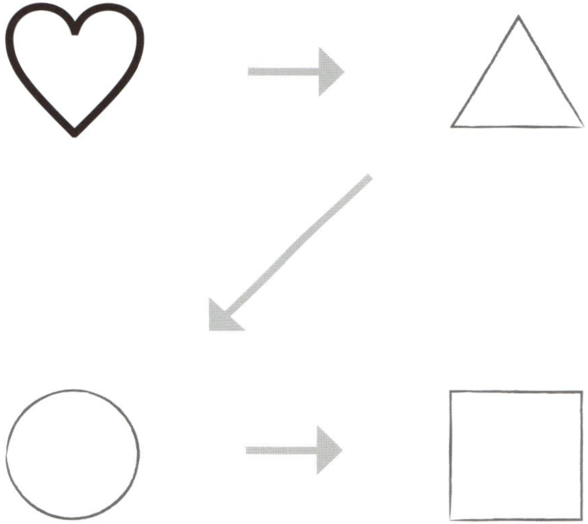

先生・保護者の方へ

問題49のレベルアップ編です。ジグザグになるため、より注意が必要です。難しい場合は指で図形を確認しながら進めます。図形を違う色でぬると確認しやすくなります。

問《もん》題《だい》 51

四《し》角《かく》の中《なか》と同《おな》じじゅん番《ばん》で、図《ず》形《けい》をかこう③

こんなふうにやろう

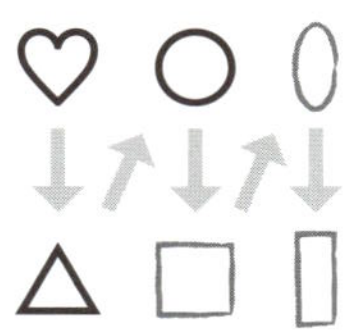

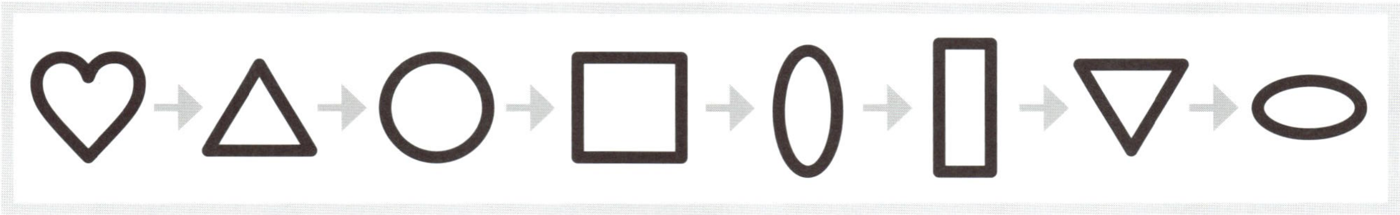

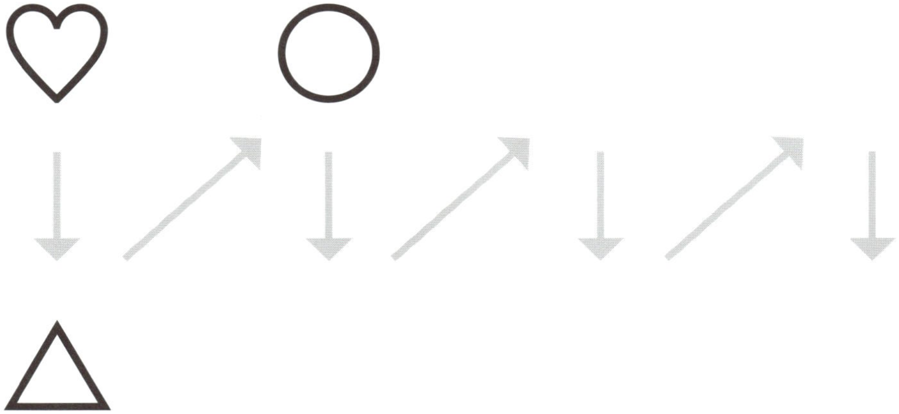

図《ず》形《けい》がたくさんになったよ。どの図《ず》形《けい》が入《はい》るかよく見《み》てかこう。

答《こた》えは次《つぎ》のページ

答《こた》え 51

四角《しかく》の中《なか》と同《おな》じじゅん番《ばん》で、図形《ずけい》をかこう③

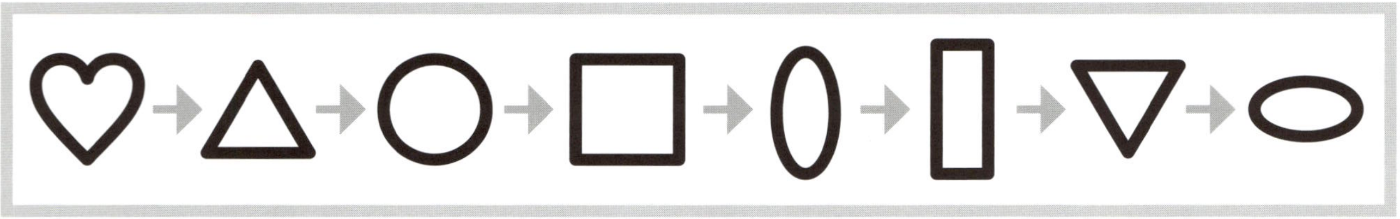

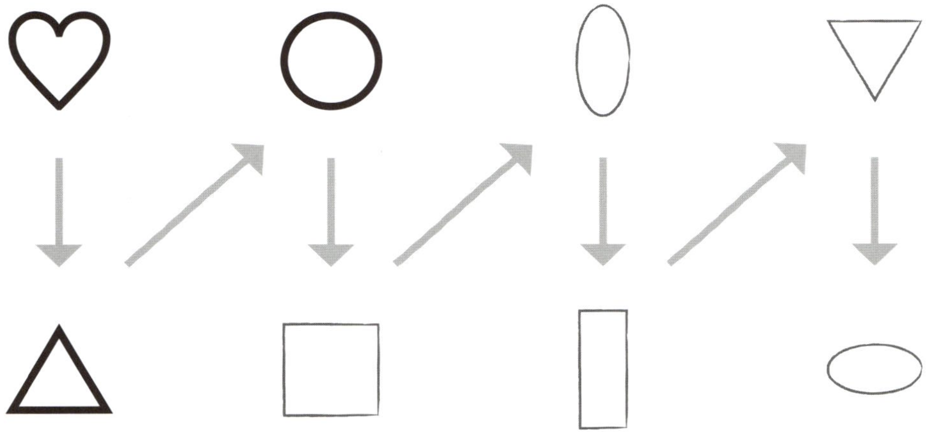

先生・保護者の方へ

問題50のレベルアップ編です。図形の数が増えたため、より注意が必要です。難しい場合は指で図形を確認しながら進めます。図形を違う色でぬると確認しやすくなります。

問《もん》題《だい》 52

赤《あか》い四角《しかく》のまんなかに、線《せん》をかこう①

こんなふうにやろう

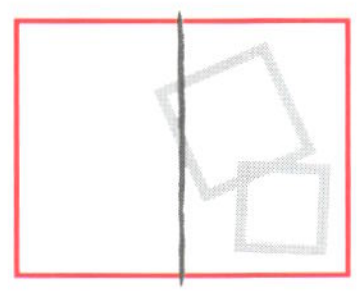

中《なか》にある図形《ずけい》だけを見《み》ないように気《き》をつけてね。

答《こた》えは次《つぎ》のページ

答《こた》え 52

赤《あか》い四角《しかく》のまんなかに、線《せん》をかこう①

先生・保護者の方へ

紙に書かれた図形に惑わされることなく考えることで「地」と「図」の区別の感覚を身につけます。難しい場合には、体の正面に枠をおいて手などで全体の幅、半分の幅を確認していきます。

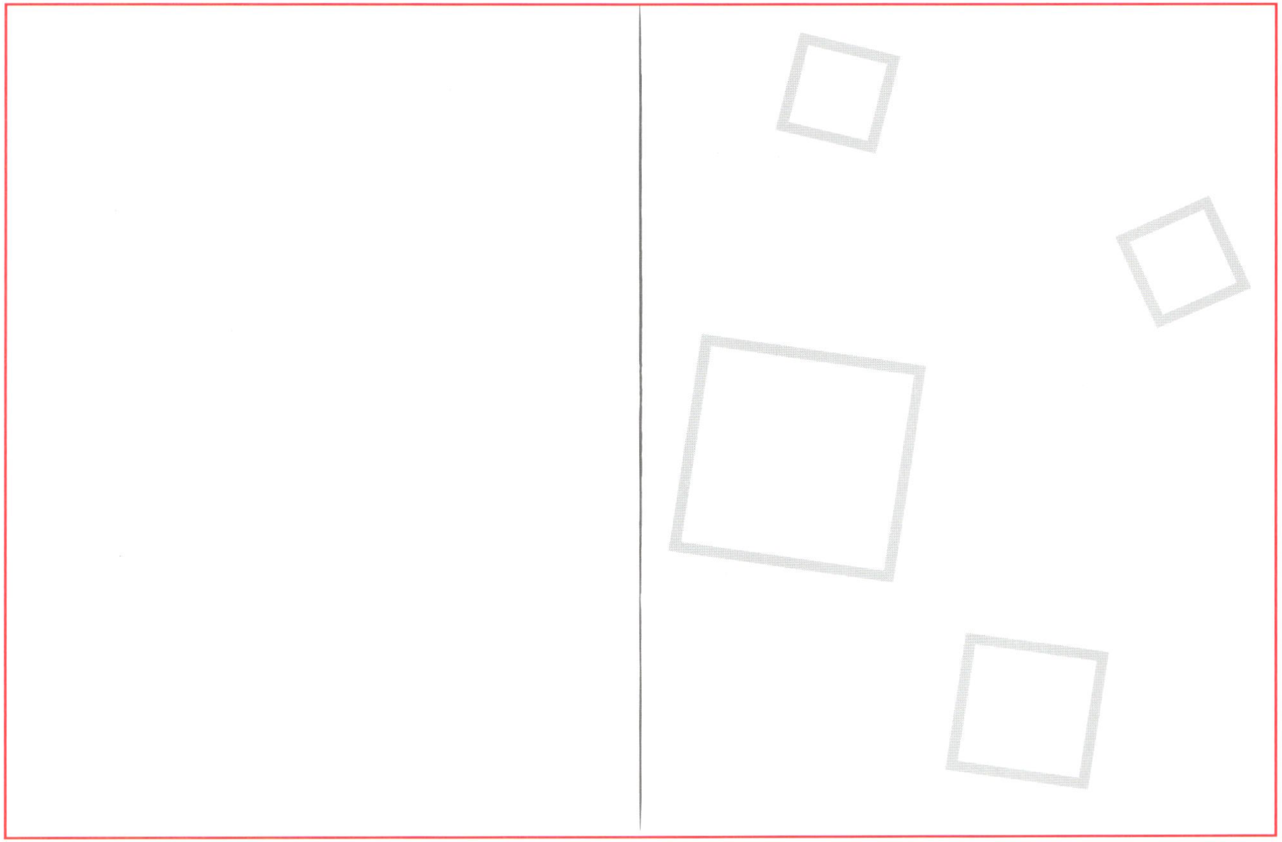

問《もん》題《だい》 53

赤《あか》い四角《しかく》のまんなかに、線《せん》をかこう②

こんなふうにやろう

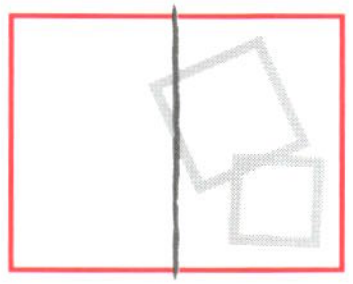

中《なか》にある図形《ずけい》だけを
見《み》ないように
気《き》をつけてね。

答《こた》えは次《つぎ》のページ

答《こた》え 53

赤《あか》い四角《しかく》のまんなかに、線《せん》をかこう②

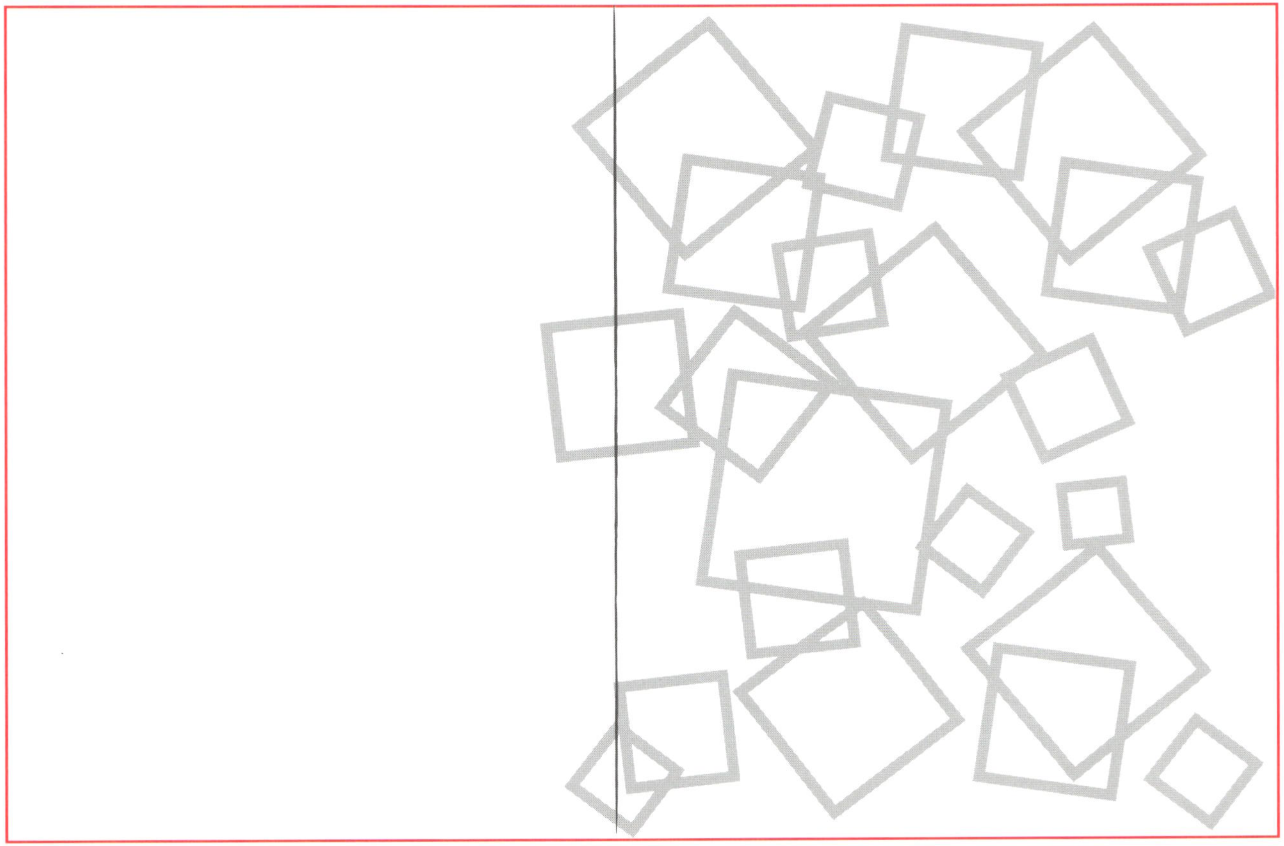

先生・保護者の方へ

紙に書かれた図形に惑わされることなく考えることで「地」と「図」の区別の感覚を身につけます。難しい場合には、体の正面に枠をおいて手などで全体の幅、半分の幅を確認していきます。

問題《もんだい》 54

しんぶんから「た」と「が」を目《め》でさがそう。いくつあるかな？

こんなふうにやろう

さがした字《じ》をかこまないで、見《み》るだけでさがしてみよう。

さいしょは「た」だけをさがしてもいいよ。

学級新聞 9月

発行年月日 2025年9月1日

発行人

合唱コンクールで金賞 県大会に出場決定!!

八月十日、市民ホールで開さいされた市の合唱コンクールで、合唱部が金賞をかく得しました。２年ぶりの県大会出場です。部長の中山かれんさん（六年三組）は、「一年間、いっしょうけんめい練習してきたので、去年のくやしさをはらすことができました」と、よろこびを語りました。県大会は十月十日、神奈川県鎌倉市の音楽堂で開さいされます。

みんなのアンケート

今月みなさんからぼしゅうしたいのは、「いちばん好きな給食のメニューはなに？」です。各組の新聞係がアンケート用紙を配りますので、協力をおねがいします。

係からのお知らせ

生物係より

金魚がえさをほしそうにしていても、勝手にあげないでください。

答《こた》えは次《つぎ》のページ

答《こた》え 54

しんぶんから「た」と「が」を目《め》でさがそう。いくつあるかな？

学級新聞 9月

発行年月日
2025年9月1日
発行人

合唱コンクールで金賞 県大会に出場決定!!

八月十日、市民ホールで開さいされた市の合唱コンクールで、合唱部が金賞をかく得しました。2年ぶりの県大会出場です。部長の中山かれんさん（六年三組）は、「一年間、いっしょうけんめい練習してきたので、くやしさをはらすことができました」と、よろこびを語りました。県大会は十月十日、神奈川県鎌倉市の音楽堂で開さいされます。

みんなのアンケート

今月みなさんからぼしゅうしたいのは、「いちばん好きな給食のメニューはなに？」です。各組の新聞係がアンケート用紙を配りますので、協力をおねがいします。

係からのお知らせ

生物係より

金魚がえさをほしそうにしていても、勝手にあげないでください。

た → 6つ　が → 5つ

先生・保護者の方へ

目だけで追うことが難しい場合は、○で囲んで確認しましょう。

問《もん》題《だい》 55

スーパーのチラシから、トマトとさかなをさがそう。いくつあるかな?

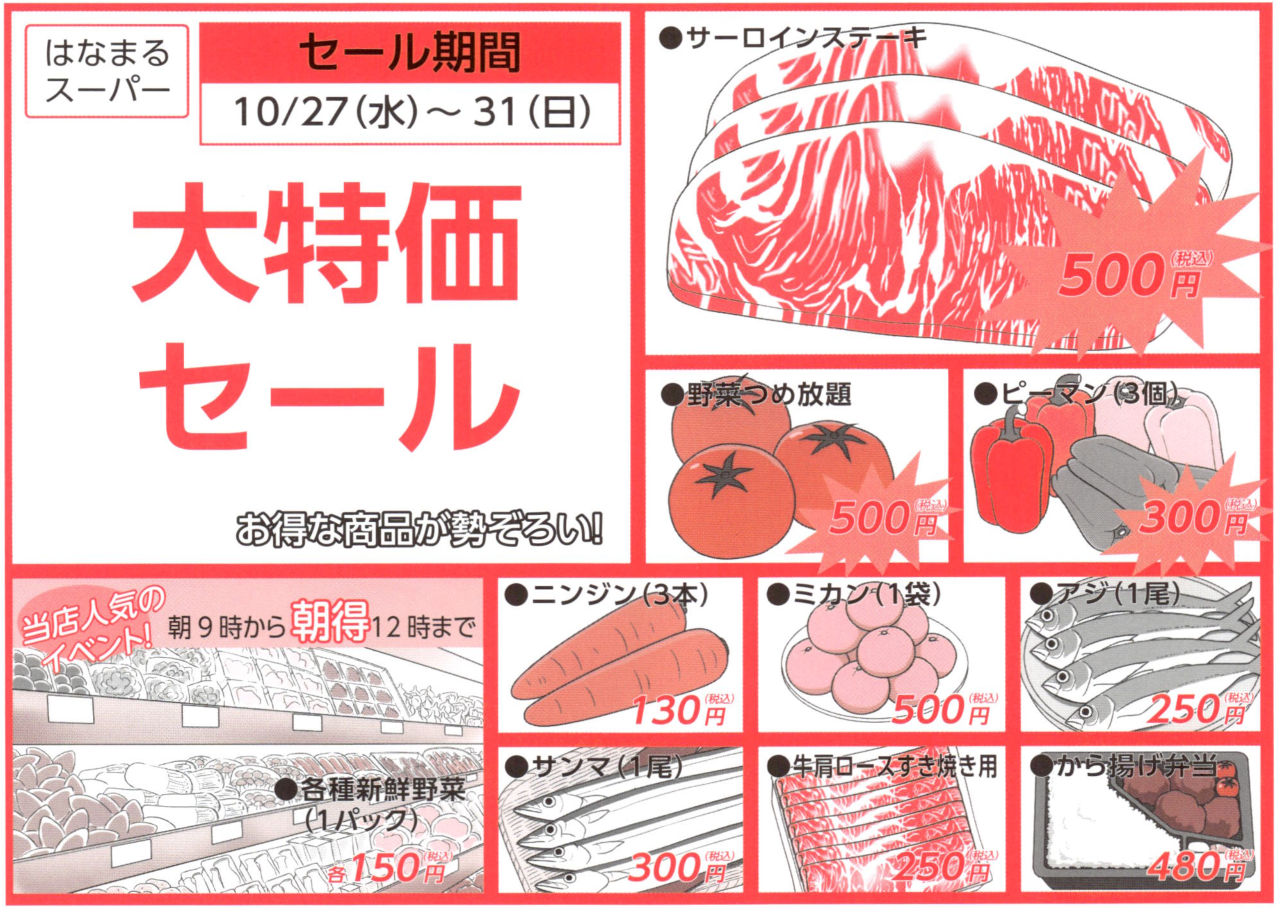

はなまるスーパー
セール期間
10/27(水)〜31(日)
大特価セール
お得な商品が勢ぞろい!
●サーロインステーキ
500円(税込)
●野菜つめ放題
500円(税込)
●ピーマン(3個)
300円(税込)
当店人気のイベント!
朝9時から朝得12時まで
●各種新鮮野菜(1パック)
各150円(税込)
●ニンジン(3本)
130円(税込)
●ミカン(1袋)
500円(税込)
●アジ(1尾)
250円(税込)
●サンマ(1尾)
300円(税込)
●牛肩ロースすき焼き用
250円(税込)
●から揚げ弁当
480円(税込)

あせらずに
ゆっくり
さがしてね。

答《こた》えは次《つぎ》のページ

答《こた》え 55

スーパーのチラシから、トマトとさかなをさがそう。いくつあるかな?

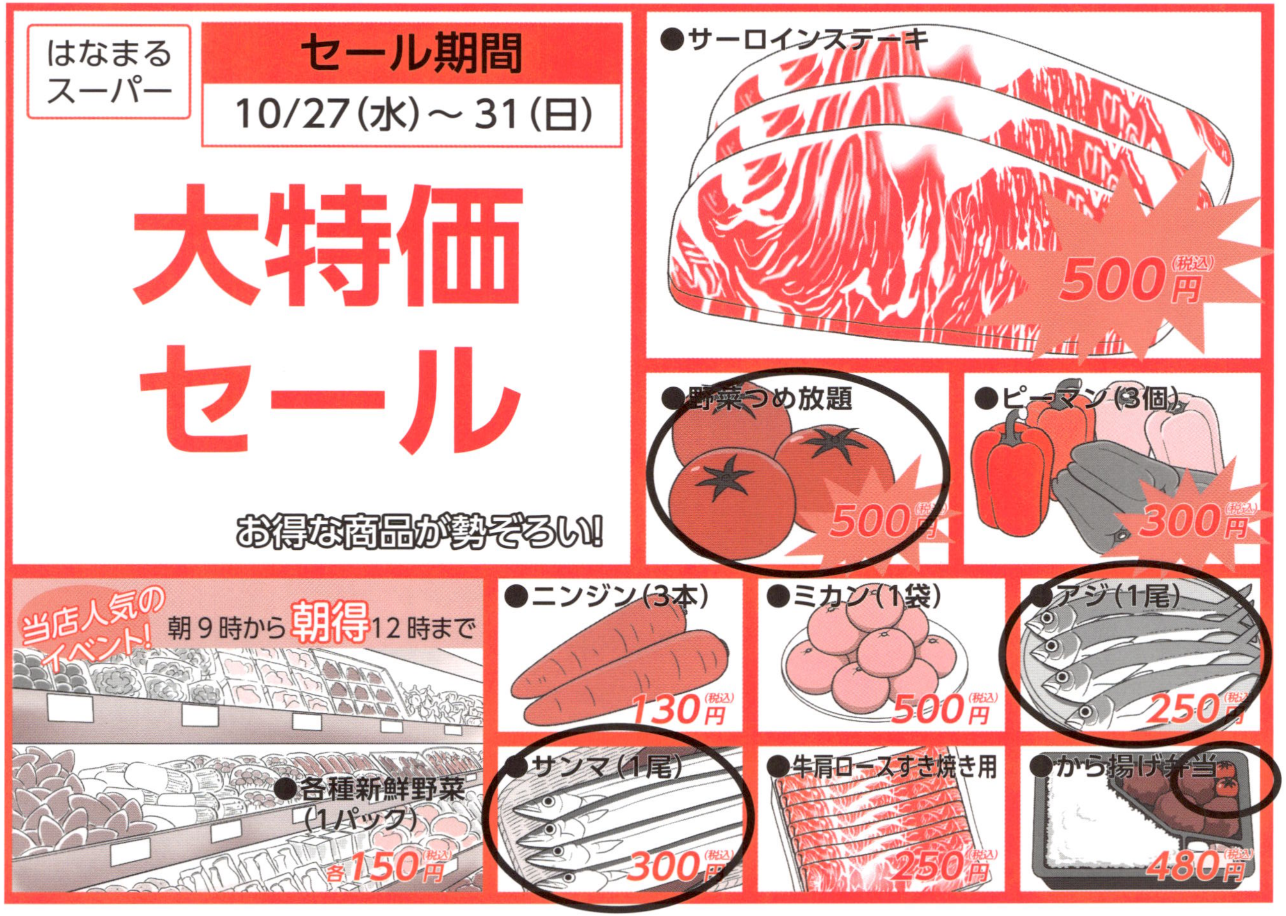

トマト → 5つ　　魚 → 8ひき

先生・保護者の方へ

目で見て、全体から情報を読みとる力をやしないます。

問《もん》題《だい》 **56**

イベントのチラシを、大《おお》きく3つのまとまりにわけてみよう

さあ、夏休みがはじまるよ！

サマーキャンプ 2025

in ゆうぎり高原

2025年8月10日(日)
〜8月11日(月・祝)

川あそび

バーベキュー

キャンプファイヤー

募集要項

対象：小学1年生〜3年生
集合：8月10日11時に現地集合
解散：8月11日13時に現地解散
申し込み：6月30日締め切り
定員：50名

現地までのアクセス
中央自動車道XXXICから車で20分

お申し込みはインターネットで
https://www.XXXXX.XXXXX.co.jp

お問い合わせ
03-XXXX-XXXX

さいしょは
目《め》で見《み》て
わけてみよう。

答《こた》えは次《つぎ》のページ

答《こた》え 56

イベントのチラシを、大《おお》きく3つのまとまりにわけてみよう

さあ、夏休みがはじまるよ！

サマーキャンプ 2025

in ゆうぎり高原

2025年8月10日（日）
～8月11日（月・祝）

募集要項

対象：小学1年生～3年生
集合：8月10日11時に現地集合
解散：8月11日13時に現地解散
申し込み：6月30日締め切り
定員：50名

現地までのアクセス
中央自動車道XXXICから車で20分

お申し込みはインターネットで
https://www.XXXXX.XXXXX.co.jp

お問い合わせ
03-XXXX-XXXX

まとまりは3つ

先生・保護者の方へ

目で見てとらえることが難しい場合は、まとまりを線で囲んでみましょう。

問《もん》題《だい》 57

ほしをえんぴつでくろくぬってから、手《て》をそえてけしゴムでけそう

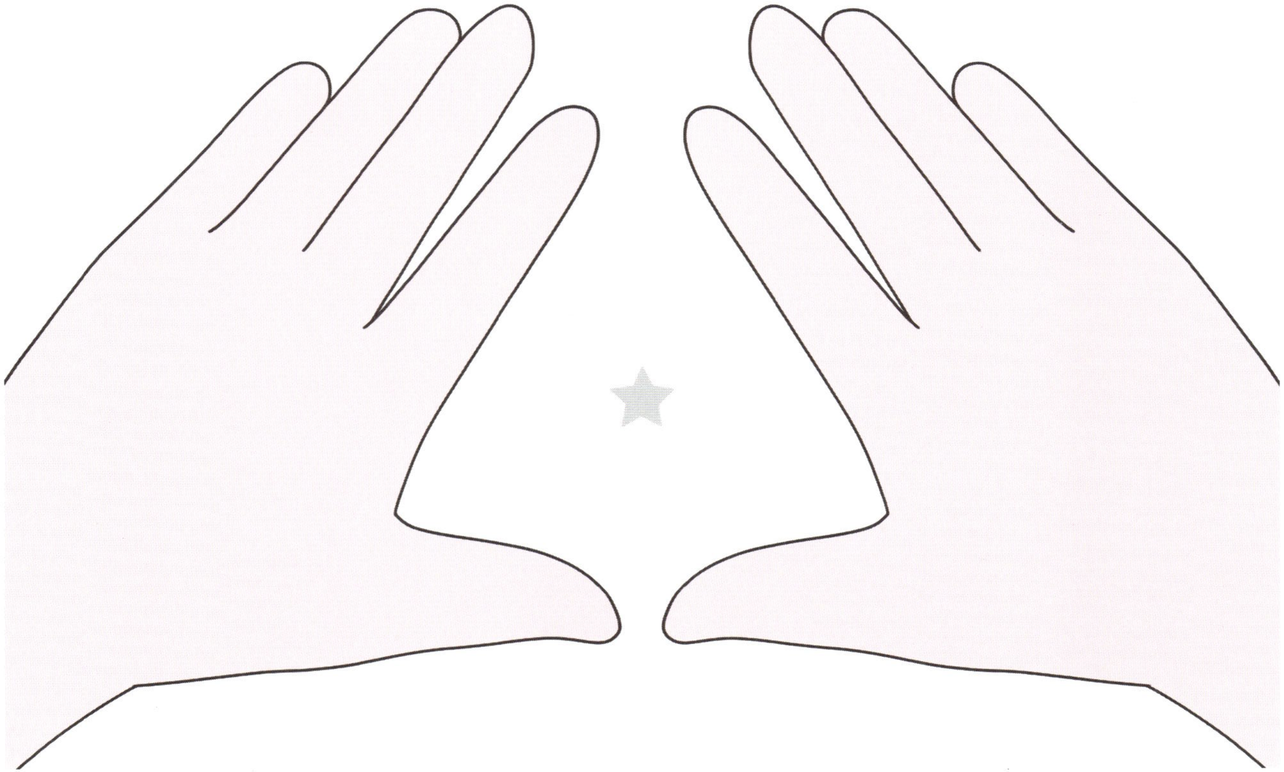

右《みぎ》ききの人《ひと》は左《ひだり》手《て》をそえてけそう。
左《ひだり》ききの人《ひと》は右《みぎ》手《て》をそえてけそう。

答《こた》えは次《つぎ》のページ

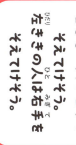

答《こた》え 57

ほしをえんぴつでくろくぬってから、手《て》をそえてけしゴムでけそう

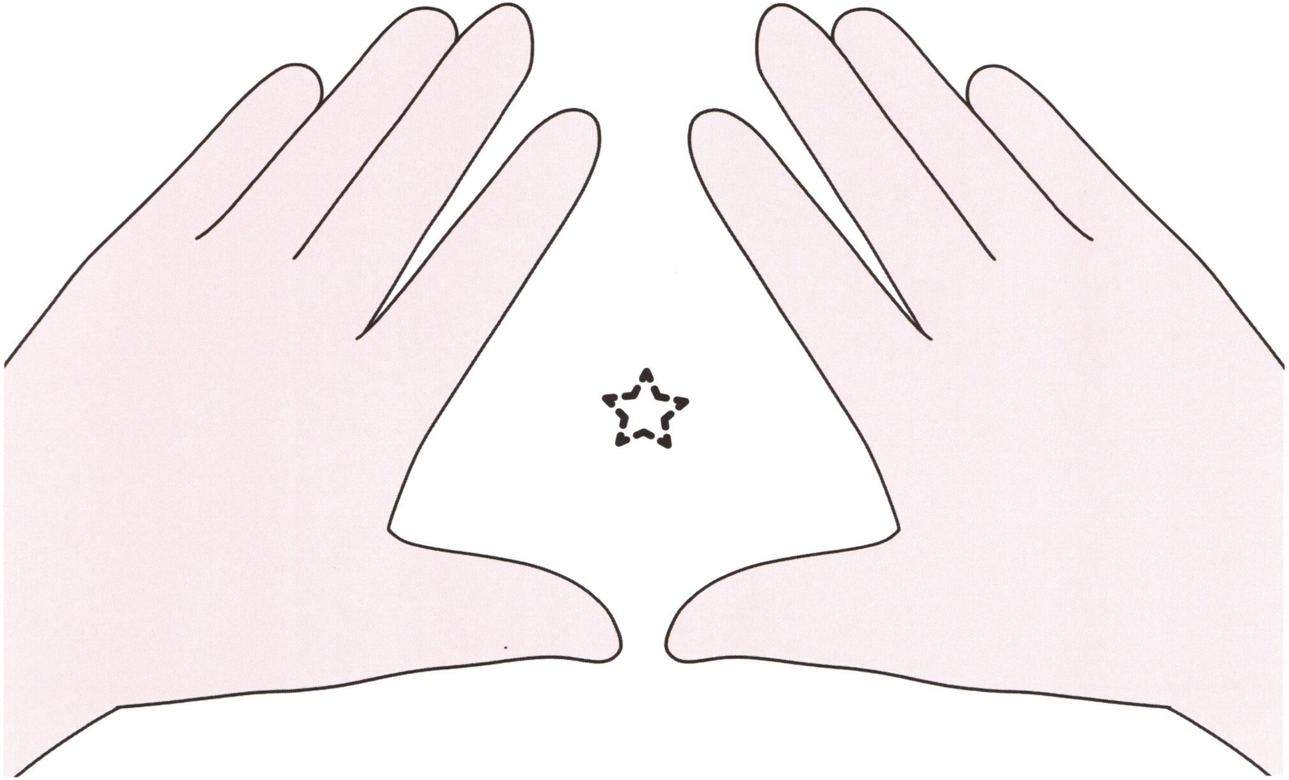

先生・保護者の方へ

面をはみ出さずに塗る動作と、紙をしっかり押さえて消しゴムで消す動作の問題です。

問題《もんだい》 58

だ円《えん》の中《なか》の字《じ》・図形《ずけい》をえんぴつでなぞって、けしゴムでけそう

こんなふうにやろう

細長《ほそなが》い丸《まる》から、はみ出《だ》さないように、けしゴムをうごかすよ。けしゴムをもっていない手《て》で、紙《かみ》をおさえよう。

左持《ひだりも》ち

右持《みぎも》ち

答《こた》えは次《つぎ》のページ

答《こた》え 58

だ円《えん》の中《なか》の字《じ》・図形《ずけい》をえんぴつでなぞって、けしゴムでけそう

左持《ひだりも》ち

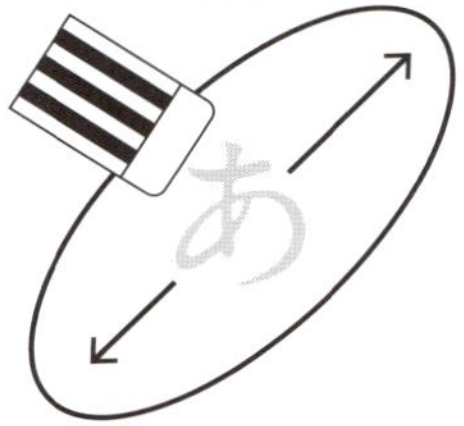

右持《みぎも》ち

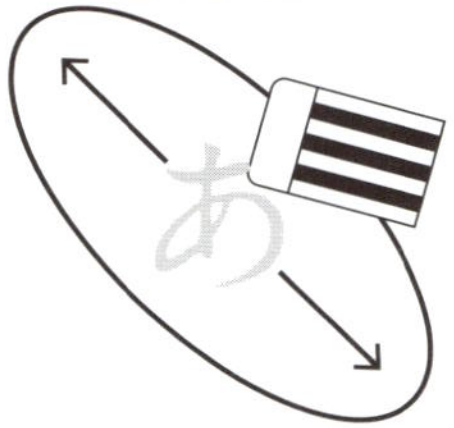

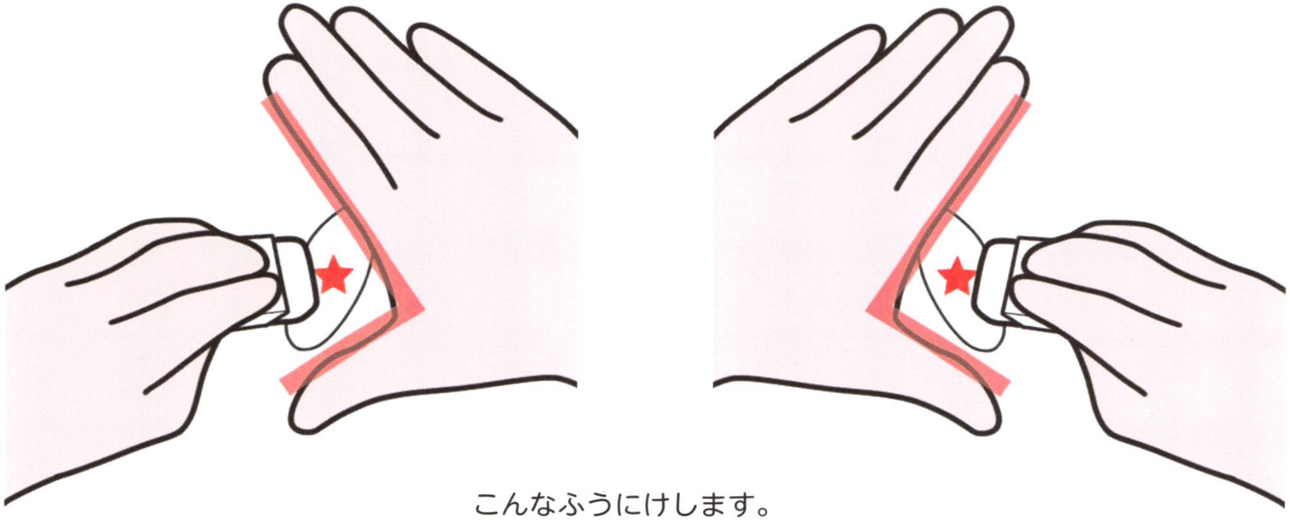

こんなふうにけします。
おさえる手《て》は、Lにします

先生・保護者の方へ

消しゴムを上下方向に動かすと紙が破けたり、ノートの場合、他の字も消してしまったりするので、斜め方向に動かすことを覚えましょう。

問《もん》題《だい》 59

線《せん》をなぞって形《かたち》をぬったあと、指示《しじ》のあるところだけけしゴムでけそう

こんなふうにやろう

はみ出《だ》さないように、ぬってみよう。

2つの円《えん》をなぞり、円《えん》をぜんぶぬろう

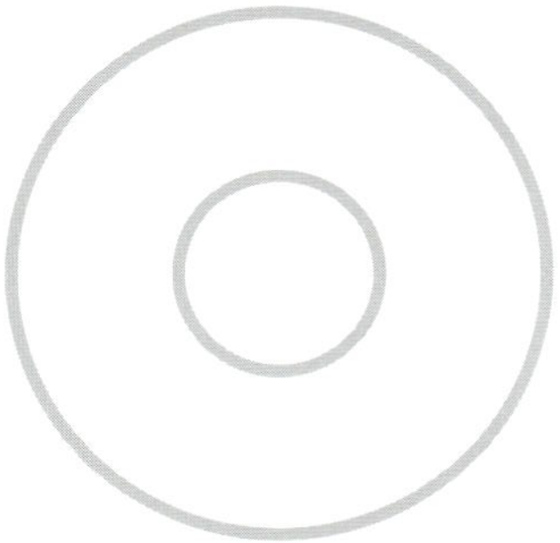

中《なか》のちいさい円《えん》だけけして、ドーナツをつくろう

線《せん》と数字《すうじ》をなぞろう

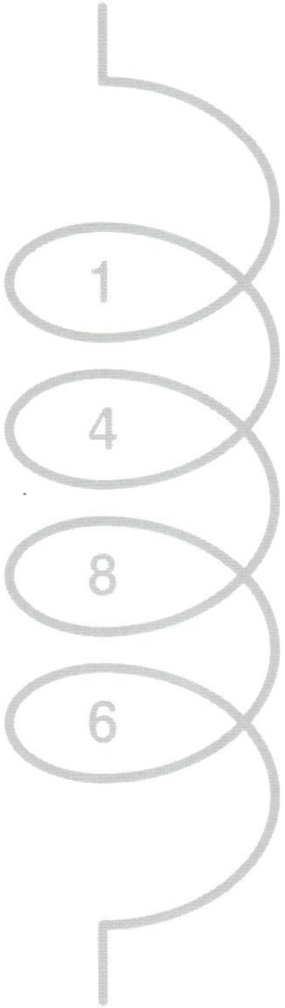

数字《すうじ》だけけそう

ほしをなぞって、中《なか》もぬろう

くろいほしをけそう

答《こた》えは次《つぎ》のページ

答《こた》え 59

線《せん》をなぞって形《かたち》をぬったあと、指示《しじ》のあるところだけけしゴムでけそう

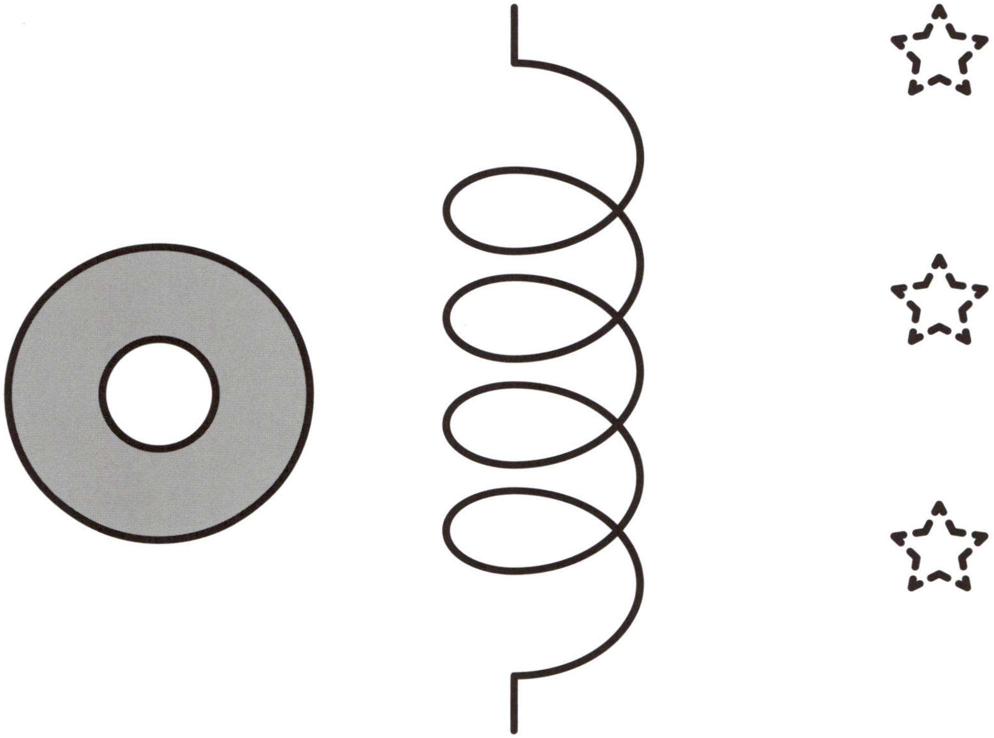

先生・保護者の方へ

問題58のレベルアップ編です。小さな文字を1つだけ消す力が身につきます。

問《もん》題《だい》 60

しるしのところだけ、えんぴつでぬろう

しるしとまわりの形《かたち》に
まどわされないように
ぬろう。

答《こた》えは次《つぎ》のページ

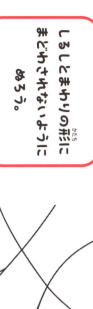

答《こた》え 60

しるしのところだけ、えんぴつでぬろう

先生・保護者の方へ

まわりの線や形に惑わされず、範囲をとらえる力をやしないます。

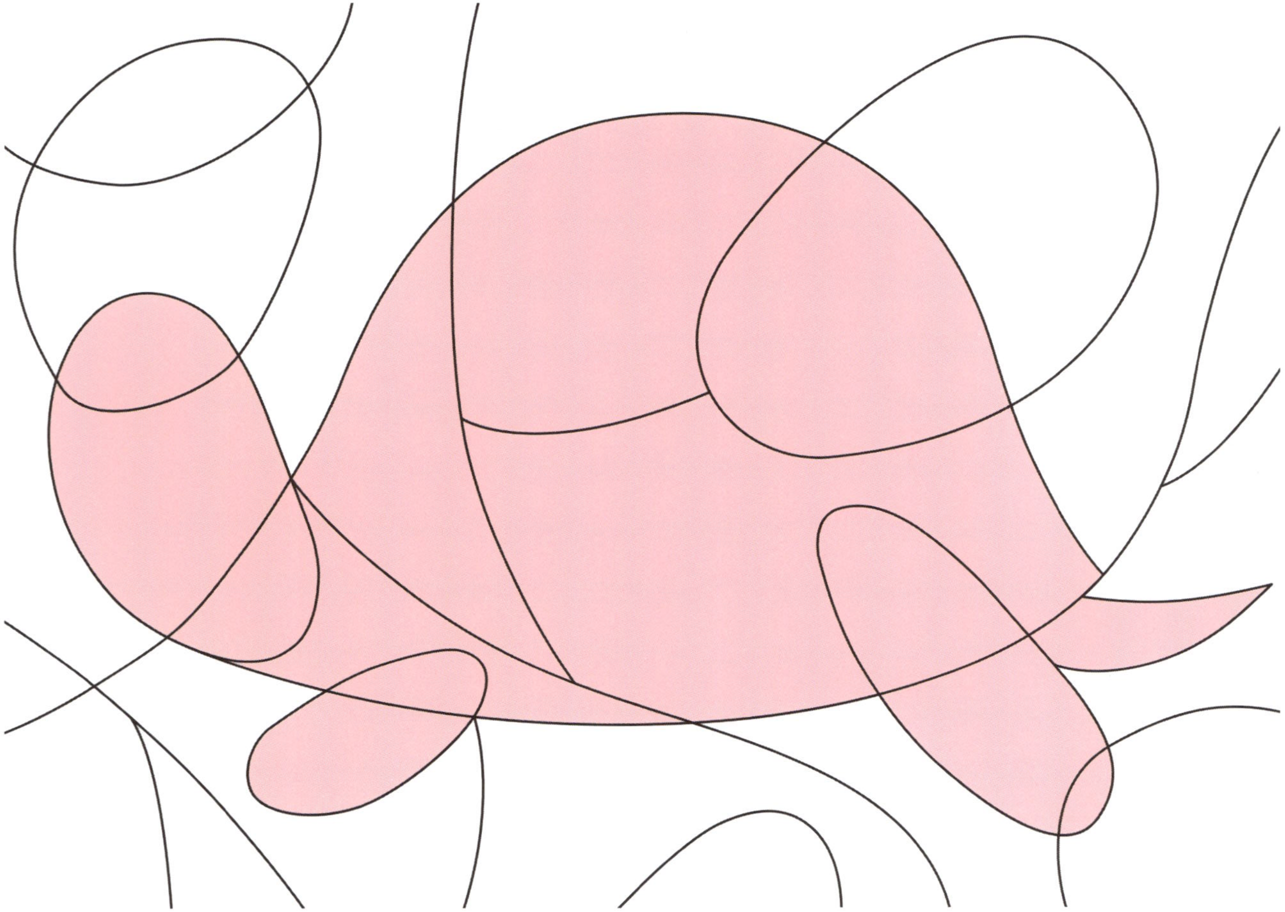

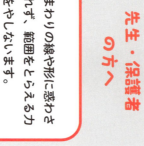

問題《もんだい》 61

なすを５本《ほん》みつけて、えんぴつでぬろう

答《こた》えは次《つぎ》のページ

答《こた》え 61

なすを5本《ほん》みつけて、えんぴつでぬろう

先生・保護者の方へ

問題60のレベルアップ編です。余計な線に惑わされず、必要な線をとらえる力がつきます。

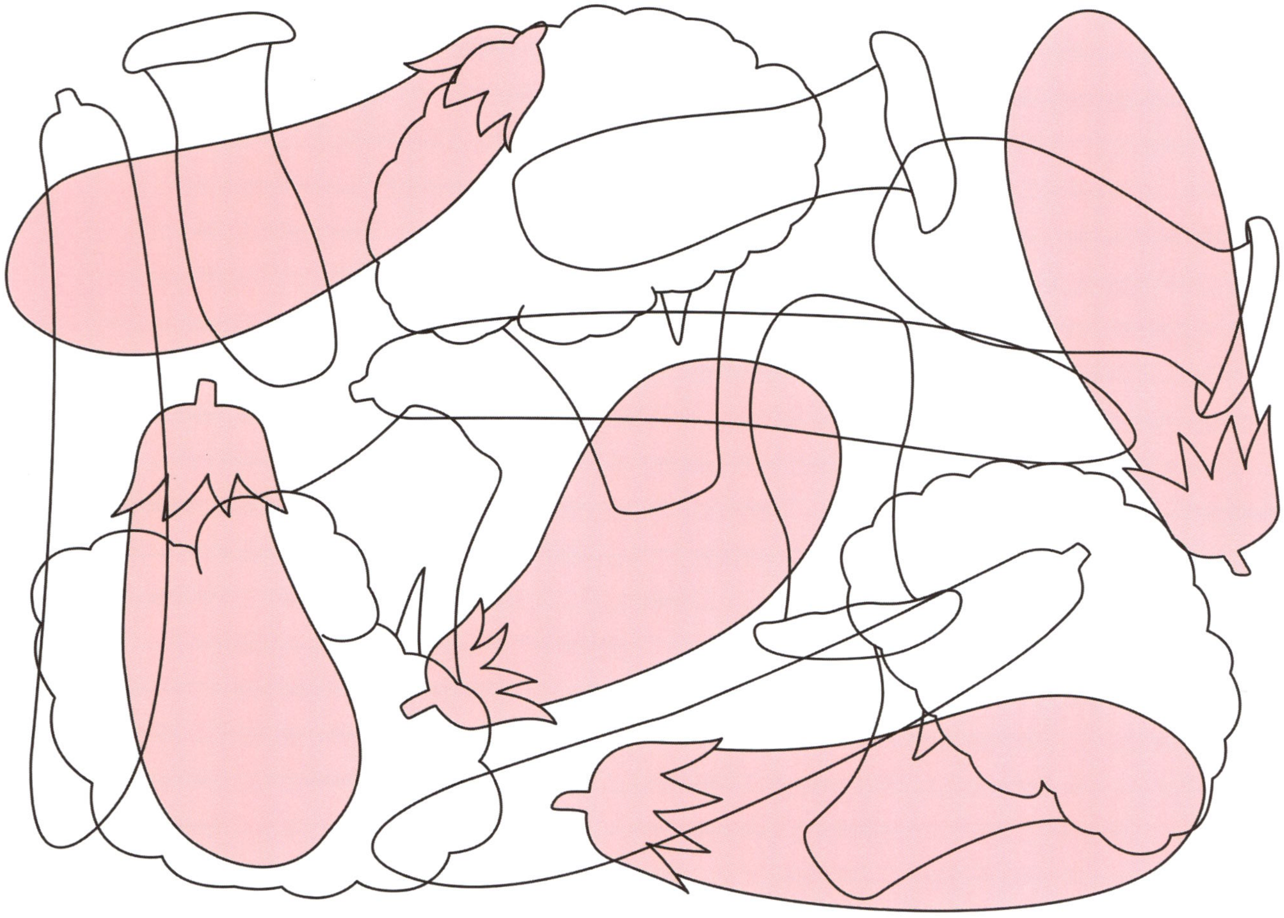

問《もん》題《だい》 62

じょうぎをつかって線《せん》をひいて、長《なが》さをはかろう

紙《かみ》とじょうぎが
うごかないように、
おさえてはかろう。

答《こた》えは次《つぎ》のページ

答《こた》え 62

じょうぎをつかって線《せん》をひいて、長《なが》さをはかろう

先生・保護者の方へ

定規がずれないよう、定規の中央部を手で押さえるように指導しましょう。

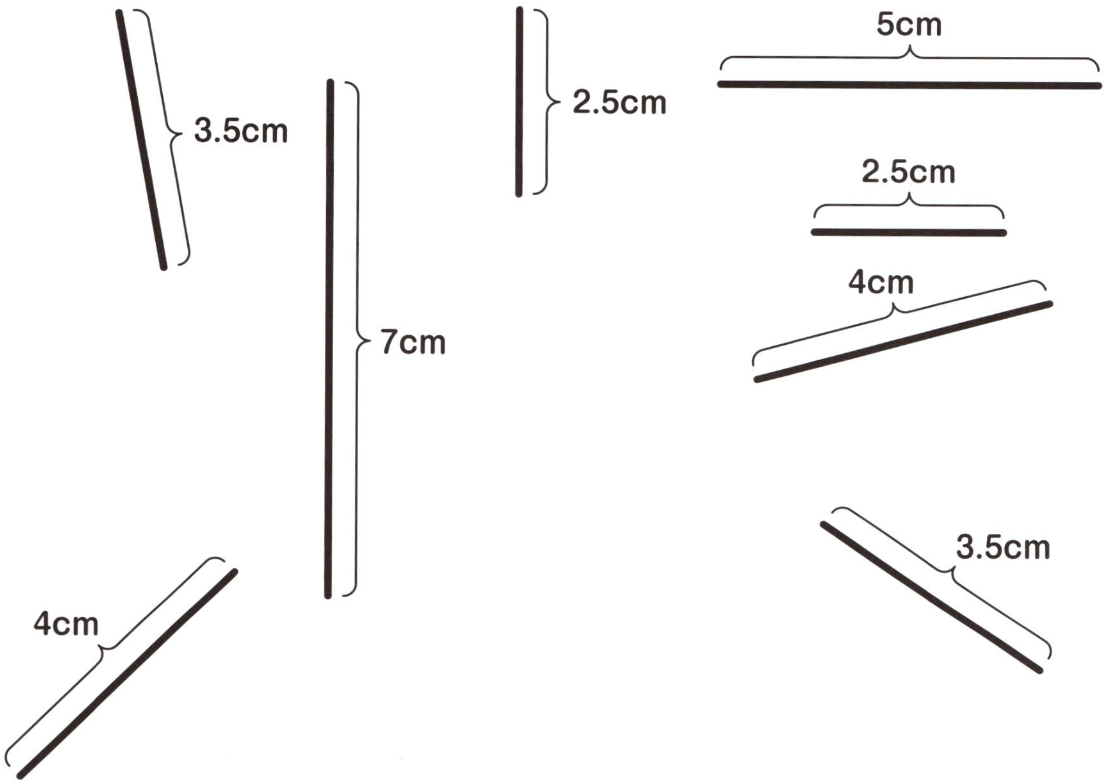

問《もん》題《だい》63

じょうぎをつかって、1から20までじゅん番《ばん》に線《せん》でむすぼう

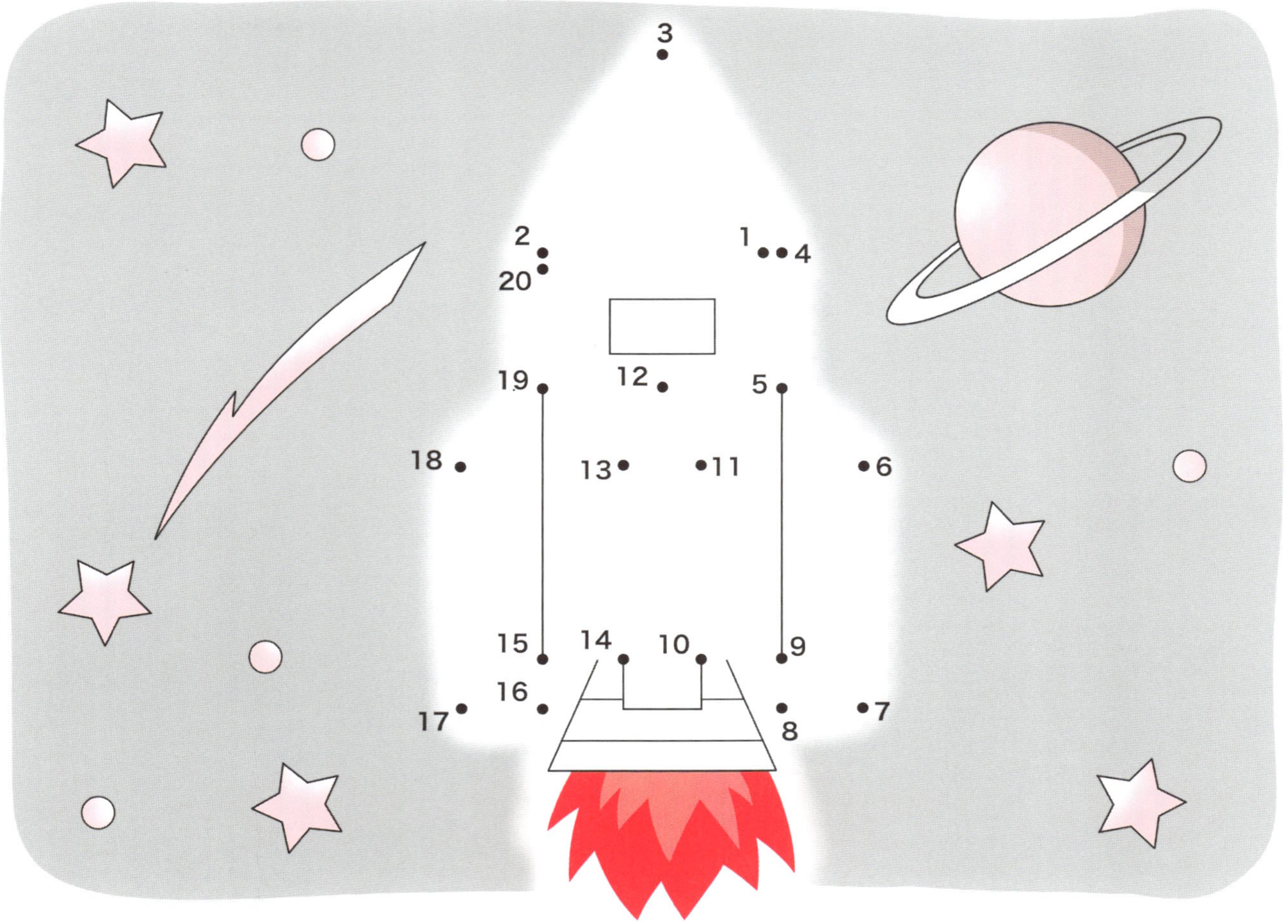
3
2
20
1
4
19
12
5
18
13
11
6
15
14
10
9
16
17
8
7

じょうぎの
まんなかあたりを、
しっかりおさえて
かこう。

答《こた》えは次《つぎ》のページ

答《こた》え 63

じょうぎをつかって、1から20までじゅん番《ばん》に線《せん》でむすぼう

先生・保護者の方へ

問題62のレベルアップ編です。細かな作業になるので、鉛筆の持ち方（先っぽ持ちなどになっていないか）、姿勢も見てあげましょう。

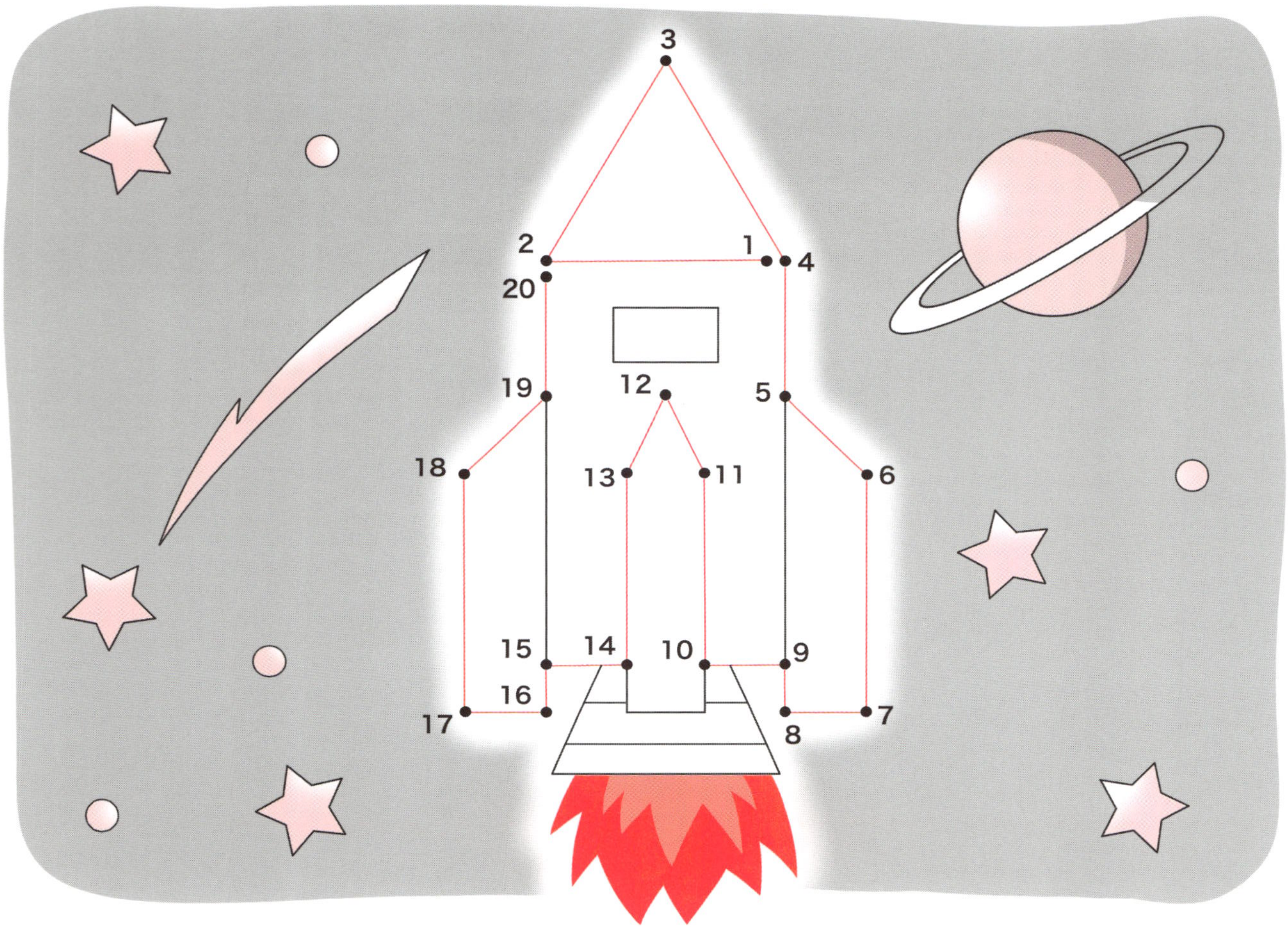

関連書籍のご案内

子どもの書字の力を高める書籍を
刊行しております。

文字を書くための
座る姿勢や鉛筆の持ち方、
体幹の力や見る力を高める方法を
知りたい!

気になる子どもの
できた! が増える
書字指導アラカルト

笹田哲 著
定価 本体 1,600 円（税別）

独自の「斜めマス」を使って、
文字の特徴をつかんで、
ひらがな・カタカナ・数字・
漢字をたのしく書いてみよう!

発達が気になる子どもが
うまく書けるようになる
斜めマス
書字ワークブック

笹田哲 著
定価 本体 2,000 円（税別）

著者紹介

© 中川文作

笹田 哲（ささだ さとし）

神奈川県立保健福祉大学リハビリテーション学科 作業療法学専攻 教授。
作業療法士。
広島大学大学院医学系研究科修了、博士（保健学）。明治学院大学大学院文学研究科心理学専攻修了、修士（心理学）。
園や小中高校を訪問し、子どもの生活·学習動作（姿勢、目と手の不器用さ）を研究テーマとし、体の使い方や発達が気になる児童・生徒の学習支援に取り組んでいる。NHK・E テレ番組『ストレッチマン』番組企画委員、同『でこぼこポン！』番組監修を務め、テレビ・ラジオ番組出演多数。著書に『気になる子どものできた！が増える 体の動き指導アラカルト』『同 3・4・5歳の体・手先の動き指導アラカルト』『同 書字指導アラカルト』『発達障害のある高校生・大学生のための上手な体・手指の使い方』（中央法規出版）などがある。

発達が気になる子どもの 運筆力・認知力が身につく ワークブック

2025 年 3 月 15 日 発行

著　者	笹田 哲
発行者	荘村明彦
発行所	中央法規出版株式会社 〒110-0016　東京都台東区台東 3-29-1 中央法規ビル TEL 03-6387-3196 http://www.chuohoki.co.jp/
印刷・製本	株式会社ルナテック
制　作	石川守延（カルチャー・プロ）
デザイン	大橋麻耶（maya design room）
DTP	アールジービー株式会社
イラスト	かねこみほ（メインキャラクター）、たかはしかず（本文）

定価はカバーに表示してあります。
ISBN978-4-8243-0241-0

A241